Para que no te olvides

Raquel Perera

Para que no te olvides

ESPASA

Espasa, en su deseo de mejorar sus publicaciones, agradecerá cualquier sugerencia que los lectores hagan al departamento editorial por correo electrónico: sugerencias@espasa.es

Espasa, sello editorial de Editorial Planeta, S. A.
Avda. Diagonal, 662-664, 08034 Barcelona
www.planetadelibros.com
www.espasa.com

Diseño de la cubierta: Planeta Arte & Diseño
Ilustración de la cubierta: Planeta Arte & Diseño, a partir de las imágenes de: © Mgnovenia / Shutterstock , © Teddy, © National Gallery of Art, © Biodiversity Heritage Library, © Aew / Rawpixel
Recurso de imagen: © Shutterstock

Primera edición: junio de 2023
ISBN: 978-84-670-6904-4
Depósito Legal: B. 9.593-2023
Preimpresión: Safekat, S. L.
Impresión: Huertas, S. A.
Printed in Spain - Impreso en España

Certificado PEFC
Este libro procede de bosques gestionados de forma sostenible y fuentes controladas
PEFC
PEFC/14-38-00305
www.pefc.es

El papel utilizado para la impresión de este libro está calificado como **papel ecológico** y procede de bosques gestionados de manera **sostenible.**

Para mis hijos, Dylan y Alma.
Los dos interrogantes a resolver
más bellos que me ha puesto la vida.

ÍNDICE

PRÓLOGO

En la vida hay grandes maestros, algunos vienen disfrazados de libros, otros de amores, algunos de experiencias y muchos de hijos. Aparecen en nuestra vida con mensajes que nos confrontan, nos cuestionan y nos invitan a conocernos más, aprender más, vivir más. Vamos caminando e integrando todo lo vivido y así comprendiendo que somos los guionistas, protagonistas, editores y críticos de nuestra propia obra: la vida que llevamos. Somos lo que hacemos, ni víctimas ni responsables de todo, pero definitivamente participamos en gran parte de lo que nos sucede. Hay cosas que pasan en parte porque las permitimos, otras porque literalmente las causamos, algunas porque miramos hacia otro lado y no hicimos lo que debíamos hacer. Vivir responsablemente es uno de los retos más importantes. Hacernos cargo y asumir que somos también la causa de nuestros resultados es uno de los principales regalos que nos otorga la reflexión de este libro.

Desarrollar la responsabilidad para tener cada vez más destreza para responder a las preguntas que la vida nos plantea es todo un reto en la educación de nuestros hijos y en la vida en general. A veces es más fácil echarles la culpa a otros de lo que nos pasa, mirar hacia otro lado, maldecir al destino, acusar a los astros, los genes u otros karmas... Por ello, mirar a un hijo a los ojos y decirle: «Serás lo que hagas con tu vida, a partir de las condiciones que ella te presente», nos permite saber que como padres debemos educar para que, por extraño que suene, nos necesiten lo menos posible. Que se hagan cargo de su vida es nuestra promesa como padres, y es en eso que proponemos a quienes amamos, cuando nos confrontamos y nos obligamos a ser coherentes con lo que enseñamos. Ellos nos recuerdan que tampoco somos víctimas y que nuestra vida también es lo que hacemos de ella.

Hacernos dueños de nuestra vida y sentir que está en nuestras manos nos llena de autoestima, no solo porque vemos todo lo bueno que tenemos, sino porque sentimos amor por nosotros al ver que podemos cuidarnos y merecemos hacerlo. Nos damos cuenta de lo que logramos y del impacto que generamos y aparece ante nuestra conciencia nuestro valor propio. A veces nos tratamos como las figuras más importantes de nuestra vida lo hicieron; muchas voces quedan en nuestro interior, tanto las caricias físicas y verbales, como todos los agravios. Si estamos distraídos, sin hacernos dueños de nosotros, nos volvemos reactivos y terminamos salpicando a nuestros hijos con nuestros propios dolores y frustraciones. No es una tarea fácil conocer y manejar nuestras emociones como adultos, pero está en nuestra evolución personal hacernos cargo de ellas.

Para que no te olvides parece un libro escrito por una madre para sus hijos, pero lo cierto es que está escrito para mí, para ti, para tus hijos y para los míos, pues con un lenguaje amoroso, tal y como una madre le habla a un hijo, nos permite recibir un mensaje existencial profundo, sencillo y práctico, apelando a nuestra responsabilidad en la vida, al conocimiento de nuestras emociones y, por supuesto, dándonos ideas maravillosas para cuidar a nuestros tesoros.

Quizás dentro de todo lo valioso que se encuentra en estas líneas, habría que resaltar el sentido práctico, cotidiano y al mismo tiempo profundo de abordar ciertos temas. La tristeza y el sufrimiento son parte de la vida, hay que hablar de ello sin tapujos y sin vender un mundo en el que nada pasa. Enseñarles a nuestros hijos la capacidad de sufrir, aunque también suene extraño, es un gran aporte para la vida. ¿Se imaginan ustedes tener hijos que crezcan pensando que no existe el sufrimiento? Eso sí que les generaría catástrofes cuando aparezca en su vida. Nosotros y nuestros hijos transitaremos un proceso existencial que nos permitirá comprender lo que me gusta llamar la «conciencia de límite». Todos tendremos dificultades, perderemos algún amor, y fracasaremos en algo. Incluso los más exitosos atravesarán también momentos duros a través de los cuales irán comprendiendo que en la vida no podemos saberlo todo, que podemos equivocarnos, hacerlo mal un día y no ser perfectos. Tampoco podemos hacerlo todo, tenemos límites que impone nuestra naturaleza humana; la semana dura siete días y no ocho; somos seres humanos y no dioses. Las dificultades de la vida también te enseñan que no puedes tenerlo todo, que no todo es para siempre y que en la vida no todo sale como uno quiere. Todo ello no es una invitación a que nuestros hijos crezcan frustrados y limitados, es tan solo el realismo de invitarlos a que aprendan todo lo que puedan, pero que sepan que, aun estudiando toda la vida, pueden equivocarse. Es invitarlos a que hagan todo lo que quieran, pero que sean conscientes de que no pueden hacer más que ello. Es motivarlos a que consigan todo lo que se propongan, pero que recuerden que no podrán tenerlo todo.

Para que no te olvides también es una llamada a la integridad, a definir con claridad aquello en lo que queremos creer y llevar la mejor vida posible. Una política de vida gobernada por nuestros valores con la noble intención de dejar el mundo mejor de cómo lo encontramos. Disfrutar de la vida, del amor, de los amigos, de la familia, de la sonrisa y de todo el mundo de posibilidades. Una tarea poderosa *Para que no te olvides.*

Conozco a Dylan y a Alma casi desde bebés, sonrío de solo imaginar cuando pasen los años y ellos lean este libro, para que después transcurran más años y un día también les enseñen a sus propios hijos, lo que la abuela Raquel les dejó como legado.

He sido testigo del profundo amor de Raquel y Alejandro por sus hijos. Conocí a Raquel hace más de quince años y he tenido el privilegio de compartir diferentes etapas de su vida, desde las más gloriosas hasta las más difíciles. En todas ellas, siempre me ha sorprendido su particular y poderoso sentido del humor, la fuerza y capacidad para hacer que las cosas pasen, su reflexión y aprendizaje constante, no solo como colega en nuestra pasión por la psicología, sino como amiga de muchos caminos; sin embargo, el escritor en esta relación solía ser yo, pero ahora somos doblemente colegas. Tener este libro en mis manos, ver la forma divertida pero profunda, práctica pero no ligera, psicológica pero escrita para todo el mundo, escrita en un formato fluido y enganchador, me genera una gran alegría. Hay textos que dicen cosas *para que no te olvides.*

Efrén Martínez Ortiz PhD

Bogotá, abril de 2023

INTRODUCCIÓN

La vida de cualquiera es la vida de cada uno,
pero uno no vive una vida cualquiera,
sino LA VIDA.

Raquel Perera

Me imagino que no me equivoco si afirmo que una de las grandes satisfacciones como padres es ver a nuestros hijos capacitados para reaccionar de forma correcta ante las distintas situaciones que la vida les irá presentando. Entre todos nuestros deseos, queremos que se formen intelectualmente, que se realicen en una profesión que les permita vivir y disfrutar, que demuestren a cada paso la buena educación y el respeto hacia el mundo y sus habitantes pero, sobre todo, los queremos ver convertidos en buenas personas. Queremos que sean simplemente felices.

Dicen que se están perdiendo los grandes valores. Confío en que no sea así, porque en mi opinión cualquier ser humano termina actuando según sus principios. Nos consideramos adultos, pero desde la perspectiva emocional seguimos gateando. Estamos hartos de escuchar que no nos han enseñado a manejar las emociones, que no hay suficiente educación en valores... pues aquí va mi aportación.

Tal vez el mayor desafío en esta vida sea el de descubrir la manera de desprendernos del modelo que hemos heredado

—que aceptamos antes de tener la capacidad de analizarlo y rechazarlo—, y de empezar a crearnos, conscientemente, intencionalmente, un mundo mejor. No se trata de alcanzar cierto estado excepcional, sino de volvernos conscientes de nuestra verdadera condición o naturaleza. Lo heredado y el ejemplo ayudan a afinar los genes, pero la experiencia es lo que va a definir a las personas, mucho más que el ADN de los padres.

Esas personitas, que cuando nacen dependen cien por cien de nosotros, van sufriendo una transformación como seres independientes, forjando su carácter y personalidad sobre la base de diferentes factores. Su individualidad depende en gran parte de la solidez de sus valores y creencias, los cuales amasarán con ayuda del ejemplo, de la herencia y de lo aprendido. La experiencia les marcará una ruta en el que lo valioso determinará las opciones elegidas para afrontar tanto las adversidades en la vida como para gozar de los logros y las satisfacciones.

El camino de la educación de nuestros hijos es una interminable sucesión de discursos, consejos, órdenes, castigos, recompensas, alguna que otra contradicción y mucha desesperación encubierta que, además, la mayoría de las veces son difíciles de combinar con las charlas tranquilas de mensajes profundos y perpetuos. Que levante la mano el que no haya aprovechado ese hueco perfecto para un gran discurso emocional, sacando lo mejor de su vocabulario afectivo con el fin de que incorporen en su aprendizaje lo que es ser una persona madura, correcta, sensata y coherente. Vamos, lo que viene siendo una persona íntegra.

No sé si nos pasa a todos, pero esos huecos para charlar tranquilamente se hacen cada vez más excepcionales, y me da la impresión de que la profundidad con la que transmitimos estos mensajes llega a destino —sobre todo en las edades tempranas— con notable superficialidad. Porque lo cierto es que la gran parte del tiempo en la educación lo dedicamos a repetir frases como «bájate de ahí; cierra la boca para comer; termina las tareas; te vas a caer; venga, espabila; lávate los dientes; ¿has recogido tu cuarto?». ¿Nunca habéis tenido la necesidad de plasmar en una hoja de papel una especie de testamento emocional para que vuestros hijos tuvieran, a tiro de mesilla de noche, todos esos tiernos discursos y charlas con abrazo que les vertéis con la intención de que formen parte de sus *must* —imprescindibles— en la vida? Yo, desde el momento en el que fui madre por primera vez, la tuve.

He ido viendo cómo crecían los míos y cada día sentía la necesidad de decirles algo lo suficientemente importante como para que lo recordaran siempre. Desde el amor más profundo y raspando cualquier resquicio de ego o control, quiero transmitirles que sepan cuidarse, que SEAN, más allá de lo que el mundo exterior les reclame o les exija, que logren llegar a SER. Que manejen la fortaleza y la sensibilidad a partes iguales y que trabajen por la solidez interior. Que puedan vivir siempre, soportándose a ellos mismos con compromiso y determinación.

Tengo la suerte de haber tenido unos padres de charla y discurso. Los mensajes de carácter emocional fueron muchos, pero podría decirse que siempre los he visto caminar por las decisiones que más amor contenían. Me caló tanto esto que en mi adolescencia, cuando estaba en una circunstancia donde no sabía qué debía hacer, me atropellaba una pregunta:

«¿Qué harían mis padres en este momento?, ¿qué elegirían?, ¿qué opción tomarían?, ¿qué dirían?». Eso me funcionó de manera increíble para no cometer grandes errores y empezar a delimitar el bien y el mal en función de la cantidad de amor que depositaba en cada paso que daba.

Después de haber vivido ciertas derrotas y, aunque mi pasado ha estado regado por más alegrías que tristezas, pensé que ahora era un buen momento para escribir, con más propiedad, sobre algunas mejoras que podemos llevar a cabo a lo largo de la vida. Un libro que pretende ayudar sin ser un libro técnicamente de autoayuda. Se identifica con dudas, emociones, pensamientos y afectos de experiencias propias sin ser una biografía como tal, y procura entretener sin ser una novela. Quizás lo considero una especie de testamento emocional hasta el momento, porque me dispongo a seguir llenándome de más sabiduría, experiencia y enseñanzas en el camino que me queda por recorrer.

Sé que las vidas de mis hijos se están moldeando constantemente desde que vieron la luz por primera vez. También sé que su padre y yo estamos en la magnífica y dura tarea de darles las herramientas para vivir. Igualmente, tendrán que sentir muchas emociones y sentimientos que les harán forjar sus creencias y valores por ellos mismos. Somos un milagro por el simple hecho de existir. La vida es un regalo fascinante. Y educar es uno de los retos más formidables y difíciles que existen para mí, un continuo desafío que no solo estimulan mis ganas de ser la mejor madre, también que me empuja a ser mejor persona.

CARTA A MIS HIJOS

Un hijo es como tener algo siempre al fuego. Calculas el tiempo, controlas la distancia, te adviertes del miedo, evitas la ansiedad. Todo eso mientras te ilusionas con el resultado final. Un hijo es la mejor receta a fuego lento, el mejor de los sabores, el aroma a libertad. Es un presente lleno de futuro por entender que cada minuto de su vida está lleno de nuevos ingredientes, teniendo la certeza que cuando se hace con amor y cuidado, con paciencia y alegría, el mundo lo recibe de la misma forma.

Raquel Perera

Dylan y Alma, como madre, no puedo dejar de escalaros, observaros, respiraros, sentiros y amaros. Y tampoco de contaros lo que a mí la vida me ha dado y me ha quitado para ser la persona que soy ahora. He querido hacer el libro más bonito del mundo para vosotros. Con él quisiera tocar el alma pura de vuestro destino, pero a falta de certeza de cómo será, deseo que el viaje mientras lo leéis esté lleno de perlas con las que hacer un buen collar de vida.

Para todos vuestros momentos de indecisión y por si os preguntáis qué haría mamá en esos casos, qué diría, aquí tenéis este manual donde adivinaréis fácilmente cómo actuaría yo. Deseo que toméis esta lectura como una rica y didáctica perspectiva a modo de centelleantes guías, producto de mis experiencias y mis largas meditaciones sobre las emociones, los sentimientos, los pensamientos, los afectos... Y puede ser que después, quizás y solo quizás, os sorprendan conclusiones, análisis o cuestiones a los que no les habíais dado el correspondiente valor. Perdonadme por el posible *spoiler* que se puede adivinar en algún momento, es un signo más de querer poner mi mano bajo vuestros pies. El hecho de que estas palabras amarradas os proporcionen a vosotros y a quien lo quiera leer algo de lucidez y amor, este libro habrá merecido la pena.

Para que no os olvidéis de todo aquello que siempre os he dicho y que ahora podréis entender mejor a través de estas líneas, para que no olvidéis nunca cómo os vi, os veo y os veré, aquí tenéis un faro para que os alumbre: este libro. Un lugar donde podáis encontrar respuestas y reflexionar para seguir siendo vosotros mismos. Para que cuando, por cualquier circunstancia, yo no esté al alcance de una llamada o encuentro, siempre podáis hallarme saltando entre renglón y reglón. Si cada vez que lo leáis me encontráis y os encontráis a vosotros, habré conseguido el mejor de mis propósitos.

Como si de un sigiloso huracán se tratara, así aparecisteis en mi vida, poniendo mi capacidad patas arriba, estrujando mi corazón con la mayor fuerza de amor que jamás he experimentado.

Es cierto cuando dicen que al tener un hijo ya eres madre de todos los niños del mundo, porque no hay uno solo que al mirarlo no te mueva cada célula de tu cuerpo y te recuerde de qué está hecha la vida.

No quiero que este libro sea un grito fascinante de la maternidad. Tampoco un relato de lo que significa convertirse en madre y el trabajo que lleva manejar las diferentes estaciones por las que pasa un hijo. De eso ya hay mucho escrito. Lo que pretendo es acercarme a vosotros, mis hijos, los dos seres que salpican mi vida de una forma constante. Al hacerlo, pretendo también que cualquiera que lo lea logre conocer la naturaleza de su «yo» más puro y que se atreva a ser la persona que realmente quiere ser sin miedo y con una base de conocimiento sólida y difícil de romper. Y porque si a este mundo medio loco le da por zarandearos en mitad de la adolescencia o en el camino hacia la madurez, haciendo temblar los cimientos de vuestra esencia, quiero estar cerca. Y la manera más permanente que encuentro para estarlo es con este libro.

Sabéis que no me canso de deciros que siempre podréis contar con papá y conmigo para cualquier cosa que se malcruce en vuestra vida, para cualquier duda, cuestión, malestar o para la ayuda que imploréis ahí estaremos de forma inmutable. Sin embargo, también sé que los padres pasamos de ser vuestros aliados a convertirnos por un determinado espacio de tiempo en vuestros oponentes. Existirán momentos donde posiblemente me compartáis a medias lo que os pasa.

A mi pesar, tendré que ver cómo hacéis ciertos descansos respecto a nuestra relación, y me daréis una de cal y otra de arena. Habrá días que os falten las fuerzas para decirme cómo os sentís y otros os faltará el interés. Porque también sé que a una madre no se la quiere preocupar. Porque los padres vivimos preocupados casi siempre.

Yo, aparte de llevar la preocupación en los bolsillos de mi presente, no quiero dejar a la preocupación como única protagonista de mi relación con respecto a vosotros. Confieso que me preocupa lo que os pueda pasar, sin embargo, trabajo mucho en ocuparme de que tengáis un mapa y una brújula, una linterna y una guía que os permitan estar preparados para el futuro y sus improvisadas piruetas. Y, bueno, sí, quiero dejarlo por escrito, posiblemente para salvarme de esos paréntesis donde me haré invisible, o porque el control del que tanto nos cuesta deshacernos a los padres lo puedo disimular con este libro... —del control también os hablaré—. Lo cierto es que no quiero depositar mi preocupación en vosotros porque no tenéis que vivir mi vida ni la de nadie, tampoco tenéis por qué cargar con mis vacíos y carencias. Me espantaría caer en el cliché de esos padres que quieren que sus hijos sean lo que ellos no lograron ser para satisfacer su ego o vanidad social.

Os quiero liberar de ser lo que yo no fui y de tener que obtener lo que yo no logré. No sois los que tenéis que cargar con mis frustraciones ni acomodaros a mis limitaciones. Tampoco quiero que seáis exactamente lo que yo soy, y que os convirtáis en cromos repetidos de vuestros padres. Deseo que cada paso que caminéis sea originalmente vuestro, aunque sin duda mi responsabilidad es acompañaros en el proceso. Mi plan es saberme en el lugar correcto, sosteniendo vuestras espaldas, pero que sintáis que camináis con cierta independencia y libertad.

Si hay una tarea tan difícil como indispensable que os encargo que realicéis es la de lograr conoceros lo máximo posible. Vosotros deberéis diseñar y abrazar vuestra propia identidad, y crear vuestra propia forma de relacionaros con el mundo, eso sí, desde un buen sistema de valores éticos donde la honestidad, el amor o la responsabilidad entre otros ocupen los primeros puestos de esa escala.

Durante esta ardua labor disfrutaréis a ratos sí y a ratos no, descubriendo y construyendo vuestro propio «yo». Venís ya programados con algunos trazos que son adquiridos por vuestro lenguaje genético —del que os hablaré con más orgullo que resignación—. Hay también un temperamento asociado a vuestros rasgos de personalidad y una educación y cultura adyacente. Pero hay algo que solo es vuestro. Es un YO que empuja a la pureza más auténtica de vuestro ser. Vuestra esencia es irremplazable en vosotros y en cada uno de los seres humanos. Nadie puede reproducir eso. Somos únicos, y únicos sois vosotros, Dylan y Alma. No tenéis que seguir a rajatabla lo que aquí os voy a narrar. Mi intención es que nos conozcamos un poco más, no solo desde la perspectiva de madre e hijo e hija, sino desde una de seres humanos.

Os hablaré de mí, de vosotros, de cómo veo yo el mundo y de cómo me habéis enseñado a verlo vosotros en vuestra corta vida. Rescataré algunos ejemplos y momentos que he tenido el gozo de vivir a vuestro lado y que me darán pie para hablaros de valores, principios y amor por la vida, por el universo y por lo que estos dos conceptos envuelven. También expondré otros que pasamos juntos cada día y que se mezclan con el desarrollo de vuestro intelecto, emoción y que me empuja a hablaros del dolor, de la soledad, la traición o el perdón. Aparecerán discursos a modo de consejos, a modo de doctrinas o postulados, pero nada de lo que aquí digo es un dictado.

Aprovecho para plasmar el primero de los consejos: «no os creáis nada a menos que lo experimentéis por vosotros mismos». La más valiosa creencia que debe instalarse es la creencia en uno mismo —bendita autoestima, la cual también protagonizará muchos de los párrafos con los que sellaré este libro—. Esa creencia en vosotros va a convivir y a intensificarse en mayor o menor medida a través de vivencias, realidades y experiencias que os van a dejar un mensaje, una lección, un sentimiento, un recuerdo y una memoria. Por tanto, si sentís que experimentáis muchas de las cosas que os voy a explicar en las siguientes páginas, si estáis de acuerdo con ellas, entonces, utilizadlas, moldearlas a vuestro SER y hacedlas vuestras.

Qué tal si empezamos por el origen. Las circunstancias que rodean el nacimiento de cualquier ser humano serán las características iniciales que nos empiecen a definir. Nos presentan y nos sitúan ante el mundo y con respecto a él. La situación particular donde nacemos determina gran parte de lo somos. El hecho de nacer en un sitio o en otro, en una familia o en otra, afecta irremediablemente a ciertos aspectos de la personalidad y verticalmente a la forma de vida.

Dylan Sánchez Perera, naciste un 12 de julio del 2011, en la ciudad de los rascacielos, a las dos de la madrugada, bajo una ola de calor y bajo una cobija de amor. Tu llegada fue muy esperada. Los últimos tres meses de embarazo los pasamos en Nueva York. En un primer momento ibas a nacer en Miami —ciudad donde vivíamos la mayor parte del tiempo—, pero un día despertamos con la idea de que nacieras allí y sin pensarlo dos veces allá que nos fuimos.

A pesar de la incertidumbre que me provocaba, había algo de excitación en la experiencia. Nos acogieron nuestros grandes amigos, la familia Ridinger, quienes festejaban cada día de la cuenta atrás como si ya hubieras llegado. Sobre todo tu madrina, Amber, cuyo ritual cada mañana era mirar mi voluminosa tripa y decir:

—De hoy no pasa.

Tu nombre se repetía una y otra vez en cada conversación. Durante esos tres meses gozamos de magníficas experiencias y grandes visitas. Papá dedicó gran parte de ese tiempo a hacer un disco benéfico junto a Médicos Sin Fronteras titulado *Positive Generation.* Amigos como Antonio Carmona o Sara Carbonero e Iker Casillas o la mismísima Alicia Keys tocaban mi tripa al compás de canciones maravillosas y voces extraordinarias como la de Estrella Morente o Juan Luis Guerra.

Cuando apenas tu cuerpo se completaba dentro del mío, ya tuviste la fortuna de poder disfrutar de lo que la música es capaz de transformar en el mundo. Ese disco permitió abrir la puerta a un futuro sin SIDA en Zimbabue.

Rodeado de toda la familia, abuelos, tíos, hermanos y amigos, decidiste ser puntual a tu cita con la vida y llegaste el día que auguraban los médicos. Nunca olvidaré ese momento, no solo por lo inédito de la ocasión, sino por ese instante tan salvaje y puro que difícilmente se puede explicar con palabras. Cuánta emoción encierra la diminuta precisión del tiempo.

Apenas terminada tu primera respiración, te uniste a mi pecho y comenzaste a alimentarte de mí. Esa comunión formó parte de los miles de eslabones que ya nos hacen estar solapados de alguna manera para siempre, aunque tú tardarás un tiempo en entenderlo y milésimas de segundo en sentirlo.

En aquellas horas no podía dejar de mirarte. Y en una de estas veces que te observaba, sin ni siquiera distinguir si el mundo seguía girando, absorta ante el ejército de emociones que me invadían, mi madre —tu abuela, La, como la llamamos— que cuidaba de mí como si yo fuera el bebé que acababa de nacer, se interpuso en medio de mi observación y me dijo:

—Hija, te estoy viendo cómo miras a tu hijo con una mirada de felicidad, ¿te sientes feliz?

Y yo sin dudarlo, respondí:

—Sí, mamá. Soy muy feliz de tener a mi niño y de que esté todo bien, sin embargo, siento una presión en el pecho, como una pequeña angustia, a modo de leve rasguño, pero me imagino que es porque acaba de nacer y es todo nuevo para mí, lo que me hace saltar de la felicidad a la preocupación en apenas milésimas de segundo.

—Cariño —contestó tu abuela—, ese sentimiento de leve angustia que serpentea donde descansa el corazón, ya no se va nunca. Acostúmbrate a vivir con ello. Yo lo sentí contigo y con tus hermanos cuando nacisteis y todavía hoy lo sigo sintiendo.

Qué razón tenía. Después de once años escribo estas líneas mientras siento el arañazo que me produce pensar que te pudiera pasar algo.

El caso es que tu nacimiento fue todo un acontecimiento que celebramos. Me llenaste de una gran alegría y de muchas primeras veces. Tu abuela María, que observaba y arrojaba sus originales y veraces predicciones, soltó una teoría sobre ti ante la atónita sorpresa de todos:

—Este niño va a ser presidente de los Estados Unidos.

Independientemente de la posibilidad o no de los deseos vertidos, lo único verdadero es que desprendías algo especial desde el mismo momento de nacer. Algo que se ha ido acentuando a medida que has ido creciendo, y es que para ser hijo de Alejandro Sanz y ahijado de Paco de Lucía hay que ser muy especial.

> Mi antídoto y mi dolor, mi locura y mi cura. Mi alegría, mi miedo, mi despertar. Mi buenas noches. Mi viaje y mi origen. Mi preocupación. Mi instante único, mi colección de amor. Mi «¿dónde estás, mamá?». Mi «dormiré siempre contigo, mami». Mi helado de Oreo, mi dorito picante. Mi melodía de vida. Mi vértigo, mi calma. Mi capitán tapón, mi alumno, mi enseñanza. Mi hilo de cometa. Mi chico 10.
>
> Instagram, 12 de julio de 2021

Alma Sánchez Perera, naciste un martes 24 de julio de 2014, en la misma ciudad que tus padres, Madrid, a las siete de la tarde, en un parto tan rápido como emocionante y con el amor infinito acariciando tu piel. Conservo millones de imágenes de ese instante que quedarán enmarcados para siempre en mi memoria.

Papá junto con la tía Sandra fueron testigos de todo ese inigualable espectáculo. El eco de sus voces animaba a que cada jadeo mío fuera el definitivo para al fin conocerte. El milagro se asomó a través de mis ensayadas respiraciones empujando tu cabeza a esta orilla de la vida. Al igual que con tu hermano, papá descosió el lazo que despedía a tu cuerpo y al mío y te anudó para siempre a nuestro corazón.

> El amor no mira con los ojos, sino con el Alma. Bienvenida a la vida, Alma.
>
> Instagram, 24 de julio de 2014

Tu nombre encierra un gran significado, un principio vital y una de las dimensiones más importantes del ser humano. Es una palabra sencillamente hermosa, pero en tu caso se hizo más bella todavía porque con esas dos sílabas abrazas a tu padre —AL-ejandro— y a tu abuela —Ma-ría—, razón lo suficientemente mágica y cautivadora como para que fuera el nombre elegido. El día de tu bautizo escribí algo para darle un homenaje a tu nombre y a ti:

> El alma, esa parte espiritual e inmortal del hombre, capaz de entender, querer y sentir. Hija mía, envuelves con tu nombre lo que da vida y aliento a las cosas. Llevas en tu nombre la esencia humana y llevas en tu sangre la sintonía del amor, la más bella melodía de los que más te aman. Tus brazos se abren a la vida con la pureza de lo que empieza, con la fuerza del abrazo primero, con la aurora resplandeciente de un glorioso corazón. Tu corazón sencillo y sabio buscará incesante la caricia y la ternura, deseará permanecer en sus paredes blancas, luchando por conservar la complicidad eterna con tu nombre...

Mi pequeña Alma, más allá de todas las aventuras inciertas y probables, de todos los caminos marcados y los senderos encontrados, más allá de los secretos y los cantos, de las oraciones y los milagros, más allá de las sorpresas que te brindará tu estrenada vida, más allá de todo, brillará siempre la sombra de tu nombre, tú, Alma.

Llevas en tu nombre la dulce canción de la vida, el agua de los versos eternos, y llevas en tu sangre el calor del hogar. Allí donde respiramos tus abuelos, tus hermanos, tus tíos y tus primos, tus padrinos y tus papás, los hilos de nuestra voz mecerán tus inquietudes, atravesarán tus miedos y tus vértigos.

Nuestras caricias calmarán el pulso acelerado de tu alma inquieta, y cuando el viento enrede tu pelo, la brisa de tu hogar susurrará Amor. Mi pequeña Alma, lo tienes todo en tu nombre y en tu sangre, todo para encontrar en el instante justo el rincón exacto donde poder vivir. Y yo mientras tanto te seguiré amando con todo tu nombre.

Te quiero, mamá.

Instagram, 6 de septiembre de 2014

A diferencia de tu hermano, no quisiste esperar a la fecha prevista por los médicos, quisiste llegar unos días antes, una forma de anunciarnos cómo sería tu carácter: lanzada, atrevida y con ganas de probar la vida la primera. Para qué esperar a disfrutar de la vida, sigue siendo tu lema.

Viniste a completar y a darle más sentido a la palabra familia. Le abriste una inesperada fiesta a tu padrino Chaves, que de alguna manera vio cumplida su ilusión umbilical contigo. Eres la niña de sus ojos. Para Mónica, tu madrina, fuiste un inesperado remate para el deseo de tener por fin una niña entre sus tres adorados varones. Te convertiste en el juguete más delicioso para todos, en especial para tu hermana Manuela. Aún salta a mi memoria las amorosas atenciones y los delicados cuidados que te regalaba desde el mismo momento de nacer. No se separaba de ti y esperaba con gran impaciencia y euforia la hora del cambio de pañal o de ropa. Tus hermanos entendieron desde el minuto uno que tu llegada no significaba perder beneficios, sino ganar en cariño, alegría y amistad. Algo que hoy me llena de orgullo viendo como os queréis y os buscáis, independientemente de la diferencia de edad en el caso de tus hermanos mayores y la distancia física por vivir en ciudades distintas.

Dylan encajó muy bien tu presencia porque le habíamos hablado mucho de tu llegada, pero hay que confesar que en algunos instantes le invadía ese estado de celo y posesión. Solo había una cosa que le hacía perder la calma por completo: el momento en el que yo te daba el pecho, se enfadaba y gritando me decía:

—Mamá, la teta no, la teta no se la des, que te la va a explotar.

Por alguna extraña razón el acto de verte succionando de mi pecho le parecía una forma muy obvia de ver amenazado mi amor hacia él. Algo que no estaba dispuesto a consentir. Pasadas unas semanas se daría cuenta de que mi amor por él seguía intacto y que mis pechos poco tenían que ver con ello.

Llorabas poco y reías mucho. Era un auténtico disfrute verte despertar, regalándome la mejor de tus sonrisas por las mañanas, incluso cuando a media noche te tocaba tu toma, apenas llorabas… eras paz. Me daban ganas de beberme tus contornos y comer de tus ojos que derramaban y siguen derramando tanta dulzura.

Nunca te asustaron las alturas, decidiste subirte a mis tacones casi inmediatamente después de aprender a caminar. Te encantaba y te encanta jugar con ellos. Me costaba creer que pudieras caminar tan erguida, pisando fuerte y manteniendo el movimiento de cadera como si de una modelo se tratara con tan solo dos años. Lo que me lleva a pensar que serás una mujer de tacón alto y seguro, como tu personalidad.

Es muy importante que no olvidéis lo afortunados que sois de haber nacido en una familia como la vuestra, una familia alegre y cariñosa donde los besos y los abrazos se suceden sin limitaciones, donde el sonido de las risas y la música se percibe con claridad en cada poro de vuestra piel.

Quizás os cueste recordar, pero desde que erais bebés vuestra vida ha sido muy movida, llena de estímulos, viajes, música, mucha música. Más adelante os hablaré también de lo afortunados que sois de tener un padre como el que tenéis, no solo por su calidad humana, me detendré a hablaros de lo que significa tener como papá a un ser muy especial que ha logrado construir mucho valor en el mundo a través de su arte. Habéis tenido la suerte de presenciar y vivir experiencias que son tremendamente útiles para el desarrollo, y me gustaría que fuerais siempre conscientes de ello y que aprovecharais todas estas oportunidades de forma constructiva y generosa.

No olvidéis tampoco la suerte de nacer en un país del Primer Mundo, en un ambiente donde no solo están cubiertas las necesidades primarias, sino que, además, disfrutáis de ciertos caprichos que nunca deberéis dar por asegurados. No debéis ignorar que habéis nacido del amor y del deseo de daros el mayor bienestar posible, y que gozáis de muchos privilegios que os alejan de un gran porcentaje de niños para los que sobrevivir es un reto diario. Sé que ha habido numerosas ocasiones en las que me habéis preguntado por mi nacimiento y mi infancia y hemos tenido momentos donde de forma intermitente os he contado aspectos de mi vida cuando era más pequeña. Aun así, siempre seguís teniendo alguna pregunta sobre mí en ese lado de vuestra mente donde actúa la curiosidad. Pues bien, a lo largo de este viaje literario también os voy a hablar de mí con un goteo casi permanente. Me conmueve mucho que podáis conocer a la persona que está detrás de esa madre que os corrige, sanciona y os apaga el iPad durante horas indefinidas.

Siempre que os pregunto si me queréis me decís que sí, y cuando quiero saber por qué me contestáis que es porque soy vuestra madre. Yo insisto en que quiero que me queráis no solo por serlo, sino porque os caigo bien y con mis actos soy merecedora de vuestro cariño. Mi objetivo es que queráis a Raquel tanto como a vuestra madre. Así que, mis queridos hijos, os cuento.

I

CAUSA Y EFECTO

Creemos que somos lo que hacemos pero, en realidad nacimos haciendo lo que verdaderamente somos.

Raquel Perera

Raquel Perera Navalón nació un 23 de marzo de 1975, a las once de la noche en un hospital de Madrid. Mi piel morena y mi llanto robusto determinarían un carácter fuerte y difícil de domar. El amor que tejieron mis padres para tenerme me convirtió en una privilegiada desde el momento en el que respiré por primera vez. He mantenido que gran parte de lo que soy se lo debo a ellos, mis dos columnas vertebrales. Fueron los que determinaron la tierra donde iba a cultivar mi personalidad, mi temperamento, algunas de mis creencias, así como mi altura moral. Ciertamente he ido cambiando con los años, he madurado, aprendido y evolucionado, pero también queda mucho de esa pequeña que miraba la vida con los ojos de la inocencia y la ilusión, y que un día se levantó creyéndose una marciana para siempre. Me considero una persona alegre y con sentido del humor, comprometida, amorosa, bastante empática y asertiva, confiada en general, tímida, aunque no lo parezca. Desde niña fui muy curiosa con los aprendizajes, lo quería saber todo y me encantaba aprenderlo todo. Soy bastante inquieta de pensamientos. Sensible pero fuerte. Ser madre me ha convertido en una persona más paciente y mucho más generosa.

Hijos, gracias por la parte que os toca.

A pesar de mis miedos, me considero valiente y decidida, aunque cada vez soy menos impulsiva. Cuando tomo una decisión, ya está bastante meditada. También intento ser consecuente y coherente con mis comportamientos. Soy una persona de palabra, me gusta cumplir con lo que digo. Desordenada para algunas cosas, perezosa para otras tantas, disfruto mucho cuando estoy a solas conmigo misma. Pese a que no me guste, tengo que confesar que soy orgullosa en ciertos momentos. A veces tengo un pronto muy incomprensible para los demás. Soy de temperamento fuerte. Intento ser justa, aunque eso a veces conlleve decirle o darle a alguien algo que no es lo que espera de mí.

La honestidad es vital para mí, trabajo mucho para lograr ser honesta en mis actos y palabras. Me gusta compartir lo que soy y lo que tengo. Creo que soy buena amiga y buena persona, en general —sé que siempre puedo ser mejor y en ello estoy—, cuando le fallo a un amigo, a un familiar o a un conocido, pido perdón y me esfuerzo en no fallar de nuevo, pretendo que mi margen de error en las cosas que hago sea cada vez menor.

Cuando asumo una responsabilidad, soy muy consistente con ella. A veces soy inteligente y otras no tanto. Me dejo engañar por mí misma y por los demás en ocasiones para no enfrentarme a algo. Soy una enamorada del amor en toda la amplitud de la palabra y de la inteligencia emocional. No podría vivir sin amor y sin humor. El sentido del humor es imprescindible en mi vida, me salva de muchos dramas inútiles. Me gusta encontrarles el lado positivo y gracioso a las cosas. También bailar, y no entiendo el mundo sin música.

Sabéis que soy algo «payasa» y que no pierdo la oportunidad de realizar *performances*, inventarme canciones para vosotros y haceros bromas casi de forma habitual.

Uno de mis estados ideales es caminar descalza, despeinada y sin sujetador. Incluso por alguna razón que desconozco, hay momentos donde necesito despojarme durante un tiempo de los collares, pulseras y anillos que llevo, como ahora mientras escribo el libro. Me gusta la palabra libertad. También soy maestra en meter la pata y perder los modales. A menudo me enamoro de lo complicado y me olvido de los enfados rápidamente sonriendo entre medias a mis enojos. Suelo ser impuntual, algo que debo mejorar con urgencia. Reconozco mi imperfección. He traicionado sin querer y he querido sin traicionar. En definitiva, me acepto en muchos sentidos y en otros menos, pero me esfuerzo por cuestionarme amorosamente porque es mi forma de poder evolucionar y conocerme más. Mi intención y objetivo es conseguir ser cada día mejor. Aspiro a llegar a ser una persona íntegra.

Mis padres tuvieron la habilidad de darme una educación donde desde muy pequeña me hicieron responsable de mis decisiones. Su huella me servía como guía, pero nunca con la intención de condicionarme a ser como ellos. Qué importante es conocerse a uno mismo y qué importante también poder hacerlo desde un punto de partida familiar estable y sano. Cuando tienes una infancia donde los momentos felices se instalan en los recuerdos más recurrentes, te enfrentas a la vida con otro talante, como si llevaras una red casi invisible por debajo de ti, pero lo suficientemente fuerte como para rescatarte de cualquier caída. Eso son mis padres para mí, eso que siempre está y no siempre se percibe. Lo que muere y mata por mí sin que haya una razón aparente o concreta. Ellos me dijeron una vez que siempre estarían, y hasta hoy así ha sido. Y, claro, si hay algo que deseo perpetuar en mi árbol genealógico se parece mucho a eso.

Deseo que convirtamos esto en una sucesión como las herencias de las joyas de la Corona, que pasan de reyes a reyes con la misma pulcritud, a modo de legado de quienes nos precedieron y que dejaremos a nuestros descendientes en esencia de todo lo divino y humano de nuestro existir. Ojalá lo consigamos y sepa trasmitiros mi incondicionalidad y mi amor férreo por vosotros dos.

De pequeña tuve una conversación con mis padres y más o menos les dije:

—Me estáis educando vosotros, pero va a llegar un día donde yo también os voy a tener que educar. Cuando llegue el momento, quiero que sepáis quién soy y qué cosas me mueven, me intrigan, y amaestraros en cosas que vosotros no sabéis para poder manejar mi personalidad de una forma justa sin compararme con mis hermanos. Porque aunque mis hermanos y yo compartimos las mismas enseñanzas, somos seres distintos en esencia, y esto es muy importante tenerlo en cuenta.

Debo decir que fueron unos alumnos muy aplicados con un meritorio y preciado sobresaliente como nota.

Espero con ansias poder también ser educada por vosotros cuando toque.

Para educar a otros es imprescindible conocerse a uno mismo, y así mi curiosidad por el mundo y mi inquietud por saber cuál era el sentido de mi existencia hizo cuestionarme quién era yo, con independencia de mis padres y el hogar que me habían dado. ¿Por qué estaba en este mundo? Me obsesionaba el funcionamiento de la mente, y observar el comportamiento humano era el mayor de mis entretenimientos. La mejor forma de pasar mi tiempo era divagando sobre qué es lo verdaderamente importante en la vida. Se me iban las horas pensando, imaginando, fantaseando, como cualquier niño, pero me paré en seco ante una pregunta: ¿quién soy yo?

Alrededor de los doce años empecé a darme cuenta de que todo lo que había vivido estaba sujeto a la vida que mis padres me habían dado —y que no dudaba que me hacía tremendamente feliz—. En realidad, me estaban nutriendo con grandes lecciones y ejemplos, pero un día descubrí que podría seguir aumentando mi propio castillo de principios y creencias —algunas de las cuales distaban de las heredadas de mis padres—. Sentí que podía tener un criterio personal, mis experiencias, que mis aristas y mis vértices estaban supeditados en parte por la educación que ellos me estaban dando, pero también había un pilar que debía sujetar yo misma y completarlo con nueva información para seguir definiendo mi identidad.

Mis padres habían nacido en unas circunstancias diferentes a las mías. No tuvieron la oportunidad de acceder a la universidad, por ejemplo, ellos tuvieron que trabajar muy jóvenes y formarse al mismo tiempo que trabajaban. Y aunque vienen de familias unidas, se independizaron muy jóvenes y la educación en emociones era prácticamente nula. Yo he tenido la suerte de vivir muy cómodamente, me considero una mimada, pero no tanto en cosas materiales —aunque reconozco que no me faltó de nada—, sino en afecto. El amor se desbordaba en mi casa a raudales. Y ese amor lo llevo impregnado en mis andares por la vida, pero también esos andares quisieron atreverse a caminar por senderos donde mis padres jamás habían transitado.

Me sorprendió ver cómo me desenvolvía de bien ante las situaciones de adolescente y adulta, y caí en la cuenta de que los valores de honestidad, bondad, respeto y amor que había mamado en el seno de mi familia eran en gran parte los causantes de que pudiera caminar segura y decidida, evitando y esquivando los peligros con gran esmero.

Reconozco que mi personalidad es atrevida aunque prudente, tiendo a lanzarme cuando deseo algo, peleo mucho con ese miedo que paraliza, así que todo lo que mis padres me hacían reflexionar ante la ceguera de mi atrevimiento me ha salvado de alguna equivocación considerable. Pero he de decir que algunos errores también han sido vitales para mi aprendizaje, porque si cometerlos los asociamos exclusivamente a nuestra persona, vamos a limitar nuestro crecimiento. Hay que rendirse ante el error y aprender de él. Y diferenciarlos muy bien.

Un día alguien me preguntó si me gustaría que vosotros no cometierais errores, a lo que yo respondí:

—Me gustaría que eligieran bien sus errores. Porque los hay necesarios que indudablemente te empujan a ser mejor, a aprender y retomar el camino casi sin lesiones y, por otro lado, hay errores de los que apenas se aprende y te cambian la vida para mal haciendo que tu destino tome rumbos imposibles de reconducir y sin retorno alguno. La vida ahí se moverá bajo la influencia del arrepentimiento, el fracaso y la desgracia.

Por tanto, hijos míos, podéis cometer muchos errores en la vida, excepto uno: aquel que os destruya.

Para elegir bien los errores tiene que haber una ética consistente en la forma de vivir. Es fundamental que nos preguntemos quiénes somos, conocernos es el mayor tesoro que vamos a encontrar. El ordenado soporte emocional que se trenza en los primeros años es sumamente importante para desempeñar de forma efectiva y satisfactoria cualquier función, ya sea profesional o personal. Las capacidades emocionales suman muchos puntos en el éxito en la vida —hablaremos más adelante del éxito y de lo que puede llegar a ser para las personas—.

El camino hacia mi crecimiento personal lo descubrí muy temprano, viajando por los libros de psicología cuando apenas tenía doce años, de ahí que cuando llegó el momento de tener que decidir qué quería estudiar en la universidad, no dude en escoger Psicología. Una carrera que por aquel entonces parecía estar relegada y asociada a la «locura», y donde no había prácticamente ningún uso por parte de la sociedad. Yo no sabía si me iba a dedicar a ello, pero lo que sí sabía es que quería conocer lo que tenía que contarme. Y gracias a ella he podido desmembrar la mayoría de las capas del comportamiento humano —especialmente el mío— y entender muchas de las incongruencias y desintegraciones que cometemos en nuestro día a día. Me ha hecho sujetarme al propósito que todos debemos tener en la vida.

Desde pequeña he tenido claro que uno viene al mundo a dejar algo, en mayor o menor medida, pero a dejar una huella. El gran reto es definir nuestra misión y hacer de ella una causa noble donde puedan siempre recordarnos. Pueden ser dos personas o dos mil millones, pero lo importante es dejar valor en nuestro paso por el viaje de la vida. La misión de la humanidad es crear y construir valor, objetivamente su finalidad es ahorrar tiempo y esfuerzo, avanzar siempre hacia adelante para un mayor bienestar colectivo.

Dos de los mayores descubrimientos humanos y pilares de la civilización fueron el lenguaje y la escritura. El cuerpo del conocimiento se produjo a través de la palabra escrita y hablada, y se ha ido transmitiendo de generación en generación. Todo lo que vivimos y cómo lo vivimos es el resultado de cómo vivieron otros seres humanos antes que nosotros. El progreso y la evolución en el mundo se deben a grandes logros de personas que incluso dieron su vida por salvar otras. Grandes científicos, pensadores activistas, investigadores, artistas, escritores, filántropos y un sinfín de personajes clave para la humanidad dedicaron y dedican su vida a construir un mundo mejor. Y desde un punto de vista más subjetivo, siempre hay maneras de ascender como ser humano, es bueno para ello poder inspirarse en alguien y ser inspiradores siempre que podamos. Uno puede hacer que el mundo sea mejor desde su pequeño universo, en su día a día y empezando con las personas que tiene cerca. No es necesario trascender al planeta entero. Todos tenemos la capacidad de transcender con nuestros actos cotidianos hacia las personas de nuestro entorno si van impregnados de un compromiso y un significado verdadero. No hace falta tener fama o riqueza ni pasar a la historia para que la vida tenga sentido y deje huella en los demás.

El objetivo de vivir no debe ser enfocado en existir eternamente, sino en hacer de nuestra vida algo que se recuerde para siempre.

Hay una ley universal que me gustaría que tuviéramos siempre presente. Responde al nombre de ley de causa y efecto. Para entenderla, lo primero que debemos saber es que cualquier cosa que experimentemos es un resultado de algo previo. Dicho en otras palabras: cualquier acontecimiento, comportamiento o decisión está causado por algo y tiene un efecto, una consecuencia. En cuanto a la condición humana, esta ley pudiera ser la cuna de muchos conflictos internos y da sentido a muchas de las cosas que hacemos y a muchas de las cosas que nos pasan. La mayoría de los daños que podemos evitar dependen de saber identificar la causa del problema. Reconocer la diferencia entre el mundo exterior y el mundo interior y aceptarlos, hace que asimilemos de forma más rápida que hay cosas que no podemos cambiar, pero sí elegir cómo queremos que nos afecten. Voy a desvelar uno de mis grandes descubrimientos:

Nosotros somos la causa de la mayoría de los resultados que obtenemos, tanto buenos como malos.

Hay una anécdota que mis padres siempre me recuerdan: cuando algo me salía mal, ante cualquier experiencia negativa o fallo mío, y ante cualquier represalia que caía por su parte, les miraba a los ojos y, con sonrisa picarona y cierta ironía —incorporando las bromas ya desde pequeña— les decía:

—Lo siento, no es culpa mía, yo no pedí nacer.

De esta manera tan descarada descargaba cualquier asomo de responsabilidad por mi parte cargándola únicamente en ellos. Como es obvio, no funcionaba, y eludir la responsabilidad fue otra forma de darme cuenta de que mi crecimiento personal brillaba por su ausencia. A veces sigo haciéndoles esta broma para recordar viejos tiempos.

En caso de que queráis utilizar esta expresión conmigo, aprovecho para deciros que tampoco os funcionará. Yo asumo la responsabilidad de educaros, pero solo vosotros asumiréis la de vuestras decisiones y sus consecuencias.

Quiero explicar un concepto que surge de esta sentencia. Es el de «estar en causa» y que a mí me ha servido y me sirve para reducir, e incluso, eliminar el margen de dolor ante resultados incómodos y angustiosos en mi vida. Fundamentalmente consiste en hacernos dueños de la responsabilidad tanto de nuestras acciones como de nuestras emociones —nosotros somos los que creamos nuestro estado emocional— y aceptar que de alguna manera hemos participado en el resultado de situaciones de nuestra vida —sobre todo en aquellas con malos resultados—. Llegar a interiorizarlo nos hace plenos, mejores, y estaremos moviendo el mundo hacia delante y creando valor. Nadie escapa a la ley de causa y efecto.

Esta ley nos hace responsables de nuestros éxitos y fracasos. Y estar «en causa» es el estado emocional elegido por nosotros y que no depende de las circunstancias externas. Nos podrán limitar físicamente, pero nunca en la vida nos limitarán mental y emocionalmente. Por ejemplo, podrían atarnos a una silla —si alguien es más fuerte y supongamos que quiere paralizarnos durante una hora—. Desde el punto de vista físico, poco se podría hacer. Podríamos retorcernos e intentar desatarnos, pero solo conseguiríamos cansarnos. Sin embargo, nadie nos ataría la mente, nadie nos podría privar de la libertad de elegir nuestro estado emocional durante esa hora. Podríamos escoger aceptar la situación y decidir estar en paz, pensando en cosas que nos ilusionan y motivan u optar por hacer que la limitación física se extendiera a la mental, sufriendo y llorando y resistiéndonos a aceptar la realidad durante ese rato. Esa respuesta emocional no depende de nadie excepto de nosotros.

Podemos elegir el estado emocional siempre.
Es un superpoder que tenemos los seres
humanos conscientes.

Sé que es tan fácil decirlo como difícil hacerlo. Lleva tiempo aprenderlo, es cuestión de conocer cómo funciona la mente, cuestión de ser conscientes, de práctica y de voluntad. Porque la programación que existe en el cerebro y las respuestas del sistema nervioso —sensaciones y síntomas físicos— irán en contra muchas veces de nuestra fuerza mental.

Por eso insisto en que ejercitéis la mente a través del desarrollo de una buena estructura de pensamiento y que aprendáis a manejar bien vuestras emociones. Y ahora me preguntaréis:

—Mamá, ¿cuándo empezamos a tener conocimiento de nosotros mismos? ¿Cuándo empezamos a conocernos? ¿Cuándo podemos comenzar a manejar nuestras emociones?

En realidad, hijos míos, el proceso de conocerse dura toda la vida y es gradual.

Desde el mismo momento de nacer comenzamos a almacenar información y a codificarla, pero no es hasta los dos años cuando se despierta en nosotros el concepto del «yo». Aun así, en esas edades todavía no tenemos control del cuerpo ni de las emociones, aunque sí se inicia la fase de querer ser autónomos. Es entonces cuando las experiencias nos dejan un aprendizaje cada vez más intenso y más permanente, sin embargo, no tenemos una cognición plena hasta los catorce o dieciséis años. Es en esa edad cuando podemos decidir si explorar nuestros mapas internos, hacernos dueños de nosotros mismos cada vez más y disfrutar de la aventura del autoconocimiento. Estaremos comenzando ahí el interesante camino hacia el crecimiento personal.

Pasamos de la más total de las dependencias a las avenidas de la independencia y el individualismo. Eso sí, el trayecto estará lleno de obstáculos donde no faltarán grandes dosis de esfuerzo e interés.

El instinto de supervivencia es el primero y más fuerte de los que poseemos al nacer, y se mantiene a lo largo de la vida. De la supervivencia nace el mecanismo de pelea o fuga. Mecanismo que también poseen los animales y que gracias a él nuestros antepasados se mantuvieron a salvo hace decenas de miles de años. El cavernícola que corría cuando le perseguía un mamut tenía dos tipos de respuesta: o se enfrentaba e intentaba pelear, o huía y escapaba. Resultó muy útil cuando nuestra especie se encontraba con animales salvajes regularmente. La vida moderna nos aleja en concreto de estas situaciones peligrosas, sin embargo, el mecanismo de pelea o fuga se sigue activando cada vez que percibimos una amenaza o experimentamos estrés.

Cuando nos enfrentamos a un peligro grave e inminente, es imperativo que el cuerpo sea capaz de reaccionar de forma rápida y eficaz a través de esta respuesta fisiológica y automática con el fin de protegernos. Ahora bien, con el desarrollo, y a medida que crecemos y empezamos a tener conciencia de las emociones que nos provocan diferentes situaciones, deberíamos distinguir cuándo realmente estamos en peligro y cuándo simplemente estamos anticipando un miedo que no existe. Estas dos respuestas de pelea o fuga se relacionan con dos de las principales emociones: el miedo y la ira. Debajo de la pelea siempre hay enfado —molestia o frustración— y debajo de la fuga siempre hay miedo.

En la actualidad, el mamut podría ser nuestra pareja, un amigo, una tarea escolar, un compañero del colegio, los padres, el dinero, el triunfo... y dependiendo de lo grave que percibamos una situación con ese «mamut», podríamos reaccionar peleándonos —comportamiento activado por la emoción de enfado— o huyendo, escapando y no enfrentándonos —comportamiento provocado por la emoción del miedo—.

Tanto la ira como el miedo son dos emociones naturales que vamos a sentir a lo largo de la vida, lo interesante es lograr saber cuándo realmente están respondiendo a una situación de supervivencia o si tras esas emociones se esconde algo no resuelto que tiene que ver con nosotros mismos. No es igual utilizar el mecanismo de pelea o fuga para salir de una circunstancia donde peligra la vida que dejar que se incorpore en cualquier situación donde nuestra vida está totalmente a salvo. Pongamos un ejemplo: cuando el Titanic se hundía, es más que lógico que se activara el mecanismo de pelea o fuga en cada persona que allí estaba con el objetivo de sobrevivir al naufragio y más que racional pelear y escapar como instinto de supervivencia.

Pero también existen momentos donde la existencia no está sujeta a vivir o morir y, aun así, podemos tomarnos esa situación como amenaza a nuestro bienestar, y dejamos que el mecanismo de pelea o fuga se mantenga una vez activado. Por ejemplo, si estamos con un amigo y comienza una discusión acalorada donde tenemos puntos de vistas distintos, y en un instante de la discusión nos dice que somos unos egoístas e inmaduros o unos torpes ignorantes, si tomamos esto como una amenaza o peligro para una parte de nuestro «yo», se activará el mecanismo de pelea o fuga, y «darle de comer» en este caso sería innecesario, ya que los niveles de estrés y cortisol se elevarán sin una razón real de pelear para sobrevivir. Deberemos recurrir a otro tipo de estrategias para manifestar el malestar, dar nuestra opinión de forma determinante con un discurso que mantenga el equilibrio entre el sentimiento de enojo y nuestro autocontrol. Dicho lo cual, está muy bien defenderse para resolver los conflictos, pero hay que estar preparados para saber si ese enfado o miedo lo mantenemos con el único fin de proteger la autoimagen y el ego —ibum!, otra palabra llena de significado—.

Pensar, evaluar, reflexionar y respirar antes de actuar debería ser obligatorio.

El pensamiento nos ayuda a evaluar el peligro. Es importantísimo gozar de una amplia estructura de pensamiento donde nos enseñen desde pequeños a cómo pensar en lugar de qué pensar.

Hijos, habrá muchas ocasiones en las que vuestro ego os juegue malas pasadas. Tened cuidado porque ya os adelanto que se convierte en un gran enemigo.

Apago el ordenador. Doy por finalizada mi jornada de escritura por hoy y me dispongo a llenarme los ojos con vuestras miradas, que esperan inquietas mi beso de buenas noches. Os abrazo mientras termino de achucharos, sonreíros y besaros.

Os observo ya dormidos. Esa imagen me invita a veros como si fuerais mitad de carne y hueso y mitad de dibujos animados. Reflexiono, y mientras respiro profundo, pienso en lo afortunada que soy.

Termina otro día y con él la gratitud de haberlo vivido.

Buenas noches, os quiero sin remedio.

2

DE LA DEPENDENCIA A LA LIBERTAD

Vida, vida, hasta la muerte vida.

DYLAN SÁNCHEZ PERERA

Dylan, la frase nunca antes escuchada que abre este capítulo es tuya. Tu original forma de percibir el mundo te convertía por momentos en un pequeño erudito capaz de formular de la manera más espontánea mensajes tan ilustrados y de semejante profundidad.

No tenías más de tres años. Ese día estábamos mirando cómo caía la lluvia a través de los cristales del salón. Joaquín Sabina sonaba de fondo y tú jugabas con las Tortugas Ninja. De repente y sin esperarlo, te levantaste, miraste por el ventanal mojado y mientras ponías las manos sobre tu cabeza, soltaste esta gran frase con una voz actoral que no sé de dónde salió. Inmediatamente después de pronunciarla te dejaste caer al suelo en una impecable interpretación teatral. Yo no podía dejar de asombrarme al mismo tiempo que reía sin parar. Llamé a papá para contárselo y recuerdo sus carcajadas mientras me decía:

—Apúntalo todo, que si me falta inspiración, ya sé de dónde tirar.

Hay una estrofa en una canción suya que dice: «Morirme vivo es lo que quiero». Ahora me pregunto si nació de tu brillante enunciado. Desde aquel día esas seis palabras han sido un hito en nuestra casa. Porque no pudiste estar más acertado. La vida debe ser vida hasta que llegue la muerte. Que no te lo cuenten, vívelo.

Experimentar la intensidad de estar vivo nos permite conocer mejor todo aquello que vivimos. Cuanto más abracemos las experiencias, más vivos estaremos. Nada se conoce mejor que aquello que se vive. La vida como siempre afirmo es un viaje y un regalo fascinante, aunque también es peligrosa y arriesgada. A veces cruel, injusta y decepcionante, pero no deja de ser sorprendente y maestra.

Para vivir la vida tenemos que vivir en la realidad. El mundo siempre se va a mostrar ante nosotros con su cara real, tal y como es. Apreciar la nitidez de su imagen dependerá de nuestro enfoque. El mundo gira sin cesar sin importarle si nosotros queremos girar con él. No espera a que todo esté bien para avanzar. Simplemente sigue. Y somos nosotros los que tenemos que aprender a seguir con él, aunque todo a nuestro alrededor no esté como deseamos.

Existen dos realidades: la realidad de cómo es el mundo y la de cómo lo percibimos. Cómo lo percibimos tiene que ver con nuestro mundo interno —lo vamos a percibir en función de cómo somos o cómo nos sentimos—. Cuanto más coincida la hipótesis lanzada por nuestra mente —desde esa percepción—

con la realidad del mundo exterior, más integrados estaremos y, en consecuencia, más felices y satisfechos con la vida.

Hay que distinguir muy bien el mundo interno del externo. Ambos son los protagonistas de nuestra vida y de nuestra realidad. Y cuanta menos distancia haya entre ellos, más ubicados y tranquilos viviremos. Siempre tendremos más mando y autoridad sobre nuestro mundo interno, puesto que se va a terminar de formar a nuestro antojo. Sin embargo, el mundo externo no es controlable y en muchas ocasiones no podremos hacer nada por cambiarlo.

Vivir en una realidad imaginaria o crearnos una vida sin aceptarnos y sin aceptar el mundo exterior tal y como es solo nos llevará a un sinfín de momentos frustrados, a alimentar nuestras conductas de hastío y hacernos víctimas del mundo. Conseguiremos crear un patrón de comportamiento donde siempre señalaremos a los demás y al mundo imperfecto como culpables de nuestro indeseable presente.

El compromiso con la no realidad nunca funciona
a la larga, porque lo irreal siempre oculta lo real.

Vivir en un mundo de fantasía continuo solo es posible en los cuentos de hadas y en las películas de animación. La realidad pinta otra verdad, hijos. La fantasía y las ilusiones pertenecen a un lado muy bonito de la vida, que en momentos serán útiles y necesarios para motivaros, pero me gustaría que supierais cuanto antes que la vida no está forrada de seda como en esos cuentos que leemos juntos.

La correcta integridad de una persona es su coherencia con ella misma y con el mundo, siempre, claro está, que se sostenga por principios nobles, éticos y honestos. Digamos que una persona íntegra es una persona completa, capaz de manejar con habilidad y destreza sus percepciones, pensamientos, sentimientos, emociones y comportamientos con respecto a la realidad que vive y al mundo que le rodea. ¿Y para qué? Pues para llegar a sentir paz y armonía, que es, en definitiva, lo que nos hace sentir felices. Es lo que nos hace sentirnos bien y en equilibrio con el mundo. Ese estado de bienestar es el que cuando lo experimentamos por primera vez, lo perseguimos toda la vida. Las desintegraciones se producen cuando hay incongruencias entre nosotros y el mundo exterior. Habrá numerosas situaciones en las que veremos fragmentada nuestra integridad, unas veces por actuar de forma inconsciente y otras por actuar deliberadamente. Será ahí cuando percibamos incomodidad, cuando sentiremos que no estamos alineados y que hay fisuras que entorpecen nuestro bienestar.

Dylan, Alma, si esto os ocurre, es hora de actuar y trabajar para restablecer vuestros valores. Quizás os ayude en ese momento darle un repaso a este libro.

Si nos observáramos minuciosamente, nos daríamos cuenta de que nos desintegramos con mucha facilidad en el día a día y que dejamos a un lado nuestra integridad como personas cuando decimos ciertas cosas y hacemos lo contrario. Las desintegraciones, como casi todo, suman importancia cuanto mayor es el grado de gravedad —peores consecuencias—. Ejemplos de desintegraciones sería decidir estar a dieta, comprometernos a eliminar el azúcar o el pan en la alimentación y al segundo día de empezar, ver un pastel de chocolate y comerlo. Lo mismo si decidimos dejar de fumar o ir al gimnasio a diario y romper nuestro compromiso. Fragmentar nuestra integridad también sería decir que jamás haríamos algo y terminar haciéndolo, pensar y decir que somos generosos y no compartir cuando llega el momento de hacerlo o prometer no ejercer nunca la violencia y actuar en un determinado instante con agresividad verbal o física.

No cumplir con las promesas es la manera más frecuente de fragmentar la integridad.

Me imagino que esta misma semana os habrán asaltado unas cuantas desintegraciones. No os preocupéis, es algo muy común entre los seres humanos. Lo bueno está en darse cuenta para poder reconducirlo. En cualquier caso, mis queridos hijos, alcanzaréis grandes niveles de integridad cuando de una forma consistente y honesta todo lo que pensáis, decís y hacéis esté en la misma línea. Cuando haya coherencia entre esas tres cosas, significará que defendéis altos valores y será mucho más sencillo batallar con el mundo de una manera noble y justa.

Es curioso, pero nacemos con una pureza sublime, en esa pureza descansa lo más bello que podemos llegar a ser, nacemos con un disco duro vacío y con infinitas posibilidades de ser auténticos y extraordinarios. Pero cierto es también que nacemos sin experiencia de vida y será esta la que precisamente vaya bordando en nosotros el tejido de la bondad o la maldad, el amor o el odio en cantidades grandes, pequeñas o incluso inexistentes.

De bebés no podemos relacionar entre la realidad interna y el mundo exterior porque aún no lo entendemos, no tenemos ni la experiencia necesaria ni el conocimiento suficiente. La conciencia todavía no ha llamado a nuestra puerta y no sabemos para qué sirven las emociones. Tarareamos canciones utilizando palabras que no entendemos —«Tengo una vaca lechera, no es una vaca cualquiera, me da leche merengada...»—, y es cuando despierta nuestra conciencia que ahondamos en lo profundo y en los innumerables detalles que tolera el aprendizaje.

Cuando somos bebés, tenemos únicamente experiencias primitivas. Tan solo buscamos satisfacer las necesidades más básicas: comer y dormir. En el primer año de vida no somos conscientes de que pertenecemos a un «yo», respondemos ante estímulos de forma visceral. Somos reactivos.

La reactividad es la respuesta a un estímulo por querer algo en un momento concreto —los bebés lloran cuando tienen hambre—. Quedémonos con este concepto porque a nuestro pesar nos perseguirá en las edades preadolescentes, adolescentes y adultas. Haremos verdaderos intentos por aprender a hacerlas desaparecer en muchos casos sin éxito. Y es que estas reacciones incorrectas y poco efectivas para el desarrollo personal suelen estar grapadas a estímulos condicionados de la infancia más temprana, ocasionando una especie de programación en el cerebro.

El cerebro asocia ciertos estímulos con respuestas de éxito que tuvimos constantemente en nuestra primera infancia e intenta reproducirlas siempre que la ocasión lo permita —por ejemplo, si lloro consigo lo que quiero—.

Los seres humanos somos la especie más dependiente que existe. Cuando nacemos necesitamos cuidados y atenciones para subsistir, y desde que venimos al mundo el cerebro empieza a hacer su trabajo, formando millones de conexiones neuronales, realizando asociaciones y estableciendo programaciones.

Desde la etapa de bebés hasta la etapa adulta y madura todos pasamos por cuatro estados. La clave para recorrerlos de la forma más exitosa consiste en vivirlos precisamente en los momentos adecuados a la edad y no encariñarnos con ellos resistiéndonos a que terminen.

Primer estado: reactividad

Cuando somos recién nacidos, tenemos únicamente respuestas reactivas. Reaccionamos a estímulos por pura necesidad, sin conciencia ni decisión cognitiva. Respondemos por impulso fisiológico. Por ejemplo, y como hemos dicho, los bebés lloran cuando quieren comer o cuando sienten incomodidad: sueño, cólicos, caca, pis... Responden de forma automática con el llanto para cubrir lo que necesita en el momento.

Aunque parezca mentira, en esta primera etapa la mente —eso sí, de forma inconsciente— ya empieza a hacer asociaciones y programaciones básicas en el cerebro del bebé: llorar-comida-placer. Es decir, estamos programando en el cerebro que si tenemos hambre y lloramos, obtendremos comida —gratificación— y, por tanto, dejamos de llorar y nos sentimos bien —placer—. ¡¡Qué maravilla!! Y, además, de forma inmediata. Porque lo cierto es que el llanto de nuestros recién nacidos suena para nosotros como el mandato del Capitán General del Ejército. Acudimos veloces y armados para lo que haga falta.

El caso es que el mensaje que fabrica nuestra programación cerebral es «llorar nos da placer». Lo que no imaginamos es que esta potente asociación puede acarrear desacertados comportamientos en el futuro.

Almita, ahora que me lees, te contaré dos situaciones que me vienen a la memoria donde se define muy bien la reactividad. Una enmarcada en su adecuada etapa y otra no. A ver si sabes diferenciarlas.

La primera ocurrió cuando tenías un mes, en agosto de 2014. Fuimos a visitar a unos familiares, que enloquecían por conocerte y no habían tenido aún la dicha de hacerlo. Pasamos un día precioso de campo y sol. Te portaste muy bien, quién sabe si porque intuías que todas las atenciones, así como las sonrisas y caricias iban principalmente dirigidas a ti. Regresábamos a casa en el coche y yo iba conduciendo. Cuando apenas quedaban veinte minutos para llegar, te despertaste y comenzaste a llorar desesperadamente. Todavía puedo oír la agudeza de tu llanto. Miré el reloj y te quedaban unos veinticinco minutos para la toma de pecho. Me aventuré a no parar y llegar en ese tiempo a casa y darte de mamar tranquilamente, pero no sabía si iba a ser posible. Le dije a la abuela que intentara calmarte, que te entretuviera, que te cantara, que jugara contigo, que hiciera lo que fuera para tranquilizarte, pero cuando había hambre, no había negociación alguna. Así que me detuve antes de llegar y te di de comer, por lo que dejaste de llorar como si de magia se tratara. Es increíble el encanto que provocan los pechos de una recién parida. En cuestión de segundos me vaciaste a mí de intranquilidad y te llenaste tú de sosiego.

La segunda situación la presencié precisamente anoche —febrero de 2023—. Se acercan los carnavales y me dijiste que querías ir disfrazada de mimo. Nos pusimos a ver los distintos modelos por Internet y el que te gustó no estaba disponible en tu talla. Te pedí que escogieras otro y tu respuesta fue de lo más reactiva, solo querías ese y, además, lo querías comprar en ese mismo instante. Al ver tu plan fallido te enfadaste conmigo y te pusiste a llorar, costándote controlar la frustración y la rabia. Intente tranquilizarte diciéndote entre otras cosas que ni enfadarse ni llorar iba a hacer que apareciera milagrosamente la talla del modelo que deseabas como si tu vida dependiera de ello. Te dije que entendía perfectamente el fastidio, pero que había más opciones que también podían gustarte. Insistías en que había que conseguir esa talla esa misma noche, y te dejaste llevar por el impulso de satisfacer tu necesidad de forma inmediata —se apoderaron de ti las programaciones subterráneas de cuando eras bebé—. Finalmente te diste cuenta de ello y buscamos otra opción, pero malgastaste un buen rato en estar enfadada y de mal humor. Imagino que adivinas con claridad dónde habita tu reactividad fisiológica y dónde la programada. Apuesto a que sabes cuál de las dos se puede aprender a controlar. Cambiar la reactividad por la proactividad, hijos míos, será una de las metas que os propongo alcanzar.

Convertirnos en seres proactivos es la cara más válida
y amable de las posibles reacciones que podemos elegir.

SEGUNDO ESTADO: DEPENDENCIA

Hasta el primer año de vida más o menos nos rendimos ante la reactividad, y a partir de esa edad salimos algo del espacio delimitado por el impulso fisiológico para adentrarnos en el estado dependiente y descubrir la vida poco a poco. Nos sorprendemos viéndonos hacer cosas que no sabíamos que podíamos hacer —caminar, hablar y, sobre todo, aprender conscientemente— y empezamos a tener experiencia de vida. Aunque seguimos siendo dependientes, comenzamos a tener conciencia de nosotros mismos. Esa incipiente conciencia nos sitúa en el camino de la individuación —yo soy yo y no soy tú—. Descubrimos también el «no» y su gran utilidad. Pero lo cierto es que seguimos obteniéndolo todo sin hacer ningún esfuerzo. Tomamos de los demás porque todo nos lo proveen sin necesidad de movernos.

Durante ese desarrollo donde hacemos cada vez más cosas solos también aprendemos de forma consciente que si lloramos, nuestros padres siguen viniendo inmediatamente a solventar nuestro problema. Por un lado, está la parte que crece hacia la independencia y por otro, la parte más parasitaria donde seguimos utilizando el milagroso «pido y se me dará».

En mitad de este alboroto el cerebro sigue haciendo asociaciones nuevas, y reforzando programaciones pasadas. Ya tenemos edad para obedecer, pero aprendemos que si seguimos llorando seguramente nos den el iPad, el helado o una vuelta más en el tiovivo. A los papás nos cuesta ser inflexibles y autoritarios en exceso porque consideramos que nuestros angelitos son aún muy pequeños para sufrir, y siempre pensamos que ya tendrán tiempo más adelante de estrellarse contra las desaprobaciones. Y mientras persistimos en verles la parte indefensa y terriblemente tierna, ellos siguen coleccionando programaciones cerebrales por doquier.

A medida que entienden más el mundo, sus gustos, necesidades y deseos empiezan a complicarse y son más difíciles de conseguir. Ahí se inicia la fantástica etapa de las pataletas. Cuando no consiguen lo que quieren —y que ya poco tiene que ver con las necesidades más básicas— entonces se enfadan y nos montan unos numeritos dignos de Óscar. De alguna manera vuelve esa reactividad del «universo bebé», pero resultará inválida para el resto de la gente por estar fuera de la etapa pertinente. Lo que empieza siendo una ayuda inevitable para sobrevivir por parte de quienes cuidamos, se va convirtiendo en los primeros años de vida en un sinfín de atenciones que se transforman en mimos y caprichos indiscriminados, disparando en los niños el comportamiento dependiente incluso en las etapas donde ya deberían estar practicando la independencia.

Si les mimamos en exceso y les damos todo lo que quieren, empiezan a creerse con derecho a tener siempre lo que desean.

Una creencia que, si no va acompañada de esfuerzo, puede resultar muy peligrosa en los siguientes años. Aquí desplegaría un sinfín de ejemplos de pataleta. No me eximo de haber consentido más de una vez, pero también me confieso moderadamente estricta en cuanto a que mis hijos avancen tanto física como intelectual y emocionalmente.

Si hay una rabieta que se coloca en el *top* 3 de las pataletas vividas contigo, Dylan, es la que a continuación narro. Una tarde perfecta de musical, *El Rey León* para ser exactos. Tu actitud alegre y risueña se mezclaba con los adornos de los terribles dos años. Mantenerte en la butaca sin moverte mucho era una misión imposible. Aun así, disfrutamos de lo lindo, no parabas de alucinar con los colores que desprendía el escenario, la música, los bailes y la espectacular representación.

Yo estaba embarazada de Alma: barriga colosal, tobillos hinchados y la espalda como un acordeón. A la salida del teatro me levantaste los brazos con la intención de que te cogiera, te dije que sentía mucho no poder cogerte y que teníamos que caminar hasta la calle donde estaba el coche. Tú no estabas por la labor de colaborar. Era obvio que te habías acostumbrado a que te lleváramos a tu antojo en muchas situaciones.

Por aquel entonces estaba leyendo mucho sobre las programaciones que vamos adoptando desde la infancia. Me había propuesto acabar con ellas y romper el patrón de conducta que abrazan las pataletas. Estaba comprometida a conocer bien cómo funcionaban y poder hacer un cambio de comportamientos convenientemente, siendo obediente y cumpliendo con todas las prácticas que me correspondían. Una de ellas, y muy importante, era no ceder ante los elaborados chantajes del niño y no rendirme ante la posibilidad de que los gritos incontrolables y el llanto exagerado de él me pusiera en evidencia ante la gente. Ese escenario era perfecto para empezar a practicar.

Dylan, ante mi negativa a cogerte, decidiste tirar de la histeria más irracional que existe y empezaste a patalear, gritar, llorar... Te revolvías por el suelo y yo sin importarme si se ponía en duda mi delicadeza como madre, opté por sentarme con todo el decoro posible en las escaleras de la salida del teatro. Mientras, a mi lado te revolcabas en la acera como un poseído. Por supuesto, la gente que pasaba no podía evitar mirarnos y algunas personas incluso se acercaron a mí a preguntarme si todo estaba bien y si necesitaba ayuda. Con la relativa serenidad y la tranquilidad que me dejaba mi vergüenza, les miraba y les decía:

—Todo está en orden, mi hijo tiene una pataleta y quiero romper las programaciones de conducta.

Aguanté como una campeona alrededor de quince minutos, que se me hicieron eternos, hasta que cansado de llorar y viendo que no ibas a conseguir tu objetivo, te calmaste, me diste la mano y nos fuimos caminando al coche.

Esa noche dormí con el orgullo de haber ganado dos pequeñas batallas: una a la programación y la otra a mí misma por mantener la calma y hacer uso de mi autocontrol —yo misma fui víctima en esos momentos de las grandes probabilidades de haber caído a los pies de la reactividad más visceral—. Pero faltarían, y todavía me faltan, algunas más para ganarle la guerra a ambas contiendas.

Tercer estado: falsa independencia

El cambio de la dependencia a la independencia a veces es pura rebeldía. Pasamos a una falsa autonomía cuando circulamos hacia la adolescencia —donde creemos que somos invencibles y que solos podemos con todo—. Nuestros deseos y necesidades son cada vez mayores y si no los obtenemos, nos volvemos incluso desafiantes.

Los demás lo son todo cuando nos dan lo que queremos y no son nada cuando no nos dan lo que deseamos.

En este período pensamos que, si no podemos hacer lo que queremos, es culpa de nuestros padres. Nos creemos seres separados de los demás y que no necesitamos a nadie. Pero al comenzar a tener cada vez más experiencia de vida empezamos a ser conscientes de las condiciones de la dependencia y de la independencia.

En esta etapa tenemos la voluntad de encontrarnos a nosotros mismos, pero no el suficiente conocimiento. Tenemos capacidad para empezar a ganarnos la vida, pero no sabemos muy bien cómo. Y en mitad de esos dramas quinceañeros, amenazas, rencores, enfados, restricciones, y algún que otro castigo, de repente iniciamos el camino de la edad adulta y nos topamos cada vez más con la ley de causa y efecto, y entendemos lo que somos en realidad: a veces, causa y a veces, efecto; a veces, autosuficientes y a veces, no. Comenzamos a despertar.

Somos conscientes de que no podemos controlar todo y de que tenemos consciencia de nosotros mismos. Dejamos de ver a los padres como los malos y personas que solo nos proveen de comida, dinero y alojamiento, y que el intercambio es una buena opción, y el respeto se instala de forma permanente.

Cuarto estado: interdependencia

Entramos en la cuarta y última etapa, donde aparece el reconocimiento de los otros —ya no somos la última Coca-Cola del desierto—. Sabemos que podemos hacer cosas por nuestra cuenta y de modo independiente, pero reconocemos que con la cooperación de los demás podemos hacer más y llegar más lejos. Reconocemos el grupo, el equipo, los compañeros. Entendemos el concepto de comunidad.

Para comprender la humanidad necesitamos a otras personas, su visión, su experiencia, su sabiduría. El todo es mayor que la suma de sus partes.

Esta programación que traemos de los primeros años de vida —por el tipo de educación, ambiente familiar y sociocultural— debe ser gradualmente cuestionada y evaluada durante el proceso del paso de dependencia a la falsa independencia. Si este comportamiento no lo reeducamos, haciéndonos dueños de nuestras emociones, seguiremos teniendo pataletas en la edad adulta, aunque disfrazadas de «enfados maduros» y justificadas bajo la máscara del rencor, el victimismo o la venganza. Seguirá siendo una forma dependiente y poco sensata de actuar. Alargar o evitar algunos de los estados nos llevará a tener una vida llena de vacíos y deficiencias.

Si arrastramos los patrones dependientes de la infancia hasta la edad adulta, sufriremos los efectos más devastadores de ser personas inútiles y de no saber enfrentarnos a ninguna situación por nosotros mismos y, además, seremos un pésimo modelo, porque lo malo de ser inútil no es solo serlo, sino ser un mal ejemplo.

Esta transición es fundamental que se haga de manera gradual y siempre explicándoles a los niños la importancia de estos cambios, porque poniéndome en la piel de un pequeño no debe ser fácil asimilar que de dártelo todo se pase, de golpe y sin transición, a privarte de beneficios y ganancias a pedir de boca.

Cuando la impulsividad, la ansiedad o el estado de ánimo se adueñen de nosotros, seremos de nuevo ese niño incompleto y limitado que, ante no obtener el capricho, se frustra, irrita y tiene una rabieta. Este podría ser el proceso de la infelicidad.

No ser conscientes de nuestra reactividad nos generará problemas y nos restringirá el crecimiento. Tener conciencia no evitará siempre que actuemos reactivamente, pero ser conscientes de que hemos actuado de manera reactiva supondrá el comienzo para ser proactivos.

Ser conscientes de que hemos cometido fallos
nos anima a seguir luchando por escalar en bienestar.

Se hace de noche otra vez, cierro el abanico de la escritura por hoy. Fantaseo con qué pensaréis cuando caminéis por estas letras. Me atropella el ansia de querer saber qué pasará con este libro, cómo os influirá.

No voy a proyectar nada, siento gratitud. A veces me pregunto si sería más fácil vivir sin amaros tanto. Pero me rindo, me rindo y me entrego con las manos en alto, el pecho completamente abierto y el corazón desarmado ante este amor.

Buenas noches, os quiero irremediablemente.

3

AMOR PROPIO, AUTOESTIMA

Oliver Wendell Holmes (Massachusetts, 1809-Boston, 1894) fue un reputado médico y poeta estadounidense.
Un día acudió a una reunión en la que era el hombre más bajito, cosa que le ocurría con frecuencia. Uno de sus amigos, en tono de mofa, le preguntó que si se sentía pequeño entre tanto hombre alto. El Doctor Holmes respondió que se sentía como una moneda de 10 centavos en medio de muchos centavos.

(En Estados Unidos la moneda de 10 centavos es más pequeña que la de 1 centavo)

Como hemos visto, en el proceso de conocerse la conciencia ocupa un lugar muy importante, pero no menos importante el de aprender a amarse a uno mismo.

El amor propio es un diagnóstico que la vida nos reconoce cuando nacemos. Pero no sabemos que existe hasta que no tropezamos con aquello que nos empuja a valorarnos. Es una condición que se construye y se destruye con facilidad y que su nivel fluctúa bajo la influencia de la autoestima. La vida puede convertirse en una lucha tenaz por lograr el reconocimiento del resto de las personas, así como el amor del resto del mundo.

No todos os van a reconocer lo que hacéis ni tampoco todos os van a querer. Ni siquiera caeréis bien a todo el mundo. Sin embargo, tendréis unos aliados para toda la vida si así lo deseáis: vosotros mismos. La alta autoestima y efectividad personal están al alcance de cualquiera que desee tomarse el tiempo para alcanzarlas.

La bondad en las intenciones es importante para hacer cambios dentro de uno, pero las acciones son las que permiten tener reconocimiento ante nosotros y los demás, es lo que va a llevarnos a tener una autoestima alta.

La «civilización» de una persona comienza en su interior, y lo que dejamos o no ver al exterior es la representación interna de nosotros, y en función de eso nos juzgarán. Aquello que decidimos ser y creer puede expandirnos y enriquecernos. Cada día es una experiencia emocionante, jubilosa y llena de esperanza, pero también puede dejarnos un saldo de tristeza, limitación y dolor.

Saber vincularnos con nosotros mismos de una forma compasiva y amorosa nos garantizará ser personas posiblemente con una imagen llena de un gran autoamor.

A mí me gusta definir la autoestima como el rango de posibilidades que se tiene en un determinado contexto. Y para entenderlo mejor es lo que construimos internamente —la creencia en uno mismo— y no hay nada externamente que pueda cambiar eso. Cualquier cosa en la vida nos da autoestima siempre y cuando creamos que puede ocurrir.

Esta última frase me lleva a recordar uno de los sabios mensajes que mi padre me daba desde bien pequeña. Él no era de leerme cuentos, pero sí de narrarme los aspectos de la vida como si de un cuento se tratara. Muchas veces venía a mi cama para darme las buenas noches y según le había ido el día, manejaba el discurso con más o menos alegría, pero siempre con la esperanza de que las cosas había que trabajarlas y no rendirse nunca.

—Tú puedes hacer cualquier cosa en cualquier momento —me dijo en una ocasión—, solo debes ser honesta contigo.

Estoy segura de que sabía lo que me quería transmitir, pero segura estoy también de que no era consciente de la carga emocional tan válida que aquella frase iba a tener para mi autoestima y para organizar exitosamente mi desordenada estantería de valores.

Mi padre es un ser muy especial para mí, de esas personas que sin saberlo ha ido construyendo su propio mundo interior con el máximo amor posible. Con una inteligencia emocional innata que bajo la ignorancia de su existencia ha ido descubriendo y haciéndose cargo de ella. Un ser que cuando camina, mueve el aire. Que cuando entra en un cuarto, se nota. Sus ojos están llenos de bondad y de lucha. El mundo le hizo ser mayor antes de tiempo sin apenas permitirle desarrollar las caprichosas conductas de un niño pequeño.

Es el mayor de cuatro hermanos y el que siempre ha ejercido de padre de todos. Su constancia y esfuerzo le hicieron exitoso en su trabajo, es el hombre más trabajador que he conocido. Sé de sus inseguridades y debilidades casi a la perfección. Se emociona con casi todo y se decepciona fácilmente. Le encanta soñar, porque en sus sueños no hay maldad y todo es armonía y equilibrio.

A sus setenta y tres años ha conseguido llevar su barco a puerto con gran sabiduría y cordura. La travesía de su vida ha sido un constante intento por mantener su autoestima en un nivel justo para no desplomarse. Su mayor enemigo, él mismo; su mayor amigo, también. Creo que ha jugado muy bien la vida bajo la realidad que le ha tocado. Un tipazo.

Tener una autoestima bien trabajada y saludable nos empujará hacia el triunfo sobre nosotros, hacia una exitosa aceptación del mundo. Y para vencer al mundo antes hay que vencerse a uno mismo.

Cuando erais más pequeños y os hablaba de la autoestima me decíais, cumpliendo con vuestro cándido ingenio, que dónde se podía comprar. Pero la autoestima, hijos míos, ni se compra ni te la regalan, se gana trabajándola.

¿Y cómo y cuándo se construye? Pues como todo lo que estoy diciendo desde que empecé este viaje escrito, se construye desde las edades más tempranas y a través del esfuerzo y el trabajo. No es algo estático, sino dinámico. Según las diferentes acciones con las que afrontemos las situaciones de la vida, vamos a aumentar o disminuir nuestra autoestima.

Para desarrollar el sentimiento de autoestima hay que seguir teniendo cierto nivel de conciencia y conocimiento de uno. En las etapas con incipiente consciencia, las estrategias que utilicemos para crecer son fundamentales, pues serán las que nos indiquen la buena o mala salud de nuestra valoración positiva por nosotros.

Cuando somos pequeños desarrollamos dos tipos de estrategias directamente relacionadas con la autoestima, y que como las reacciones también pueden instalarse eternamente o aprender a usar aquella que en verdad nos construye para bien.

Una es la estrategia de esfuerzo y otra la parasitaria. Solo con el nombre ya podemos adivinar la identidad de cada una. La primera trae consigo un resultado, nos hace dejar la dependencia. Es decir, obtengo algo después de un esfuerzo por conseguirlo. Naturalmente esta estrategia va a elevarnos la autoestima.

En las edades más tempranas la estrategia de esfuerzo existe, aunque es poco consciente: el aprender a caminar —gateas, te levantas, caminas, corres—, a comer, a montar en bici, a leer... Se acentúa en complejidad a medida que crecemos. Cuantas más estrategias de esfuerzo consigamos alcanzar, más autoestima tendremos, más posibilidades de lograr lo que queremos y el mundo se llenará siempre de más opciones para elegir nuestro camino de éxito. Con cada una obtenemos un resultado y con cada resultado se nos abre un inmenso abanico de posibilidades donde poder reproducir ese resultado y recrearlo de tal manera que nuestra autoestima se infla de forma continua y positivamente.

La estrategia parasitaria, por el contrario, es aquella donde se obtiene algo por nada. Nos mantienen en la dependencia. En la etapa de bebés somos inevitablemente parasitarios —nos lo dan todo sin esforzarnos—, pero si se alarga en el tiempo y solo nos afanamos en que los demás hagan las cosas por nosotros, seguiremos siendo dependientes, no podremos ver las posibilidades que el mundo nos guarda y los niveles de autoestima caerán a los sótanos de la improductividad.

Lo normal es ir nivelando las capacidades parasitarias y productoras. Si asomamos más la parte parasitaria, convertiremos la incapacidad en una esclava virtud, y si dejamos que brille el lado productor y de esfuerzo, convertiremos nuestra habilidad en un ventajoso repertorio conductual.

La autoestima no hay que confundirla con el ego. Si nos creemos que, porque la gente nos diga guapos, simpáticos, estupendos y nos llenen de halagos por el simple hecho de querernos, pero no hay ninguna acción que vaya acompañado de eso, lo que estará siendo alimentado es el ego y no la autoestima.

Cuando de pequeños hacemos algo nuevo por nosotros mismos, los adultos nos aplauden, bastante común de los mayores el elogiar cualquier logro por diminuto que sea. Muy común también de los niños que repitan una y otra vez ese mismo aprendizaje alcanzado para seguir sintiendo la adrenalina que estimula a la autoestima de manera positiva.

Recuerdo perfectamente cuando por primera vez conseguisteis hacer una voltereta en el agua, después de intentarlo durante muchas ocasiones. Al lograrlo lo reprodujisteis de forma obsesiva y eufórica un buen rato, exigiendo, además, una detenida y exclusiva observación por mi parte:

—Mira, mamá, lo que hago. Mira otra vez, mira, mira. Mamá... mira lo que puedo hacer.

Seguro que los papis me entienden. Y es que esos logros nos hacen sentir muy bien, nuestra autoestima crece en positivo, así que el repetirlo una y otra vez está relacionado con esa sensación de éxito que todos queremos alcanzar.

Lo que he aprendido también es que premiar siempre los logros naturales de los niños con cosas materiales puede llevarnos a fabricar otra temida programación, de tal manera que asocien rápidamente que el hecho de hacer algo que corresponde a su edad trae un obsequio de la mano —«Si me lavo los dientes, me dan un regalo»—.

Hay que aplaudir y felicitar los logros que deriva el crecimiento, pero solo premiarlos cuando los consideremos éxitos especiales y de forma puntual.

Ambas cosas ayudan a engordar la autoestima, la diferencia es que hay evoluciones que hacemos porque somos conscientes de que crecemos y cada vez tenemos más conciencia de nosotros y de nuestra responsabilidad, y otra es esperar que por hacer cualquier esfuerzo vayamos a obtener un premio. En este último caso puede ser que demos por hecho ciertas cosas y nos creamos con derecho a tenerlas, y el día que no las obtengamos, el mundo se vuelva hostil y con él nuestra reacción, nuestras actitudes, emociones y sentimientos.

Sentimos que tenemos derecho cuando creemos que algo es naturalmente de nosotros y para nosotros, sin cuestionarnos qué hemos hecho para ganárnoslo. Por desgracia, muchas veces la costumbre se hace ley. Este tipo de comportamiento de creerse con derecho es visceral, es decir, no está basado en la realidad.

Esto me lleva a hablar de los derechos y privilegios, siempre y sin salirme de estos contextos del potencial humano. Un derecho es algo que merecemos, producto de nuestro propio esfuerzo, y que hemos trabajado para conseguirlo. Un privilegio, sin embargo, es algo que tomamos, bien porque nos lo hemos ganado con nuestro trabajo y esfuerzo, bien porque alguien nos lo otorga.

Aquí confieso estar aún un poco en pañales, porque cada día veo la cantidad de privilegios que papá y yo os proporcionamos sin que os los hayáis ganado, una lucha que intento manejar desde la sensatez y el equilibrio. Me consuela al menos pensar que siempre os digo que hay privilegios que de igual manera que os han sido concedidos, se os pueden retirar si no asumís la responsabilidad correspondiente a vuestras edades.

Si amenazamos con quitar algún privilegio porque no se lleva a cabo un compromiso adquirido por el niño, es importantísimo que no se quede solo en amenaza y que de verdad se quite hasta que el pequeño rectifique su conducta o cumpla con la obligación que ignoró.

Siento decir que no cumplir con nuestras «amenazas» hará que los niños se agarren a esa programación para el resto de sus intereses y desde luego un flaco favor estaremos haciendo a su autoestima.

Cuando obtenemos algo gratis —sin habérnoslo ganado—, nos creemos libres, pero es una falsa libertad porque no potenciamos la autoestima. Todos tenemos dentro un buscador de autoestima. De hecho, cuando vemos algo de excelencia que nos gusta, queremos ser así, y cuando vemos algo maravilloso, queremos aspirar a ello.

Solo si ejercemos esfuerzo, obtendremos resultados, y eso hará que la autoestima crezca. Gozar de una buena apreciación por uno mismo nos llevará a tener cada vez más opciones para resolver problemas.

Se amplían las posibilidades en cualquier contexto en el que estemos. Las personas con un nivel considerable de autoestima tienen una visión positiva de la vida, suelen ser honorables, emocionalmente estables, se sienten cómodas en su cuerpo y en su mente. No es que no tengan emociones negativas, que las tienen, pero controlan muy bien sus respuestas reactivas. Reconocen la interdependencia, cuándo y dónde dar y recibir integridad, mantienen los perfectos niveles de amor por ellas y por los demás.

Todos tenemos áreas donde hay bajos niveles de autoestima, otras donde alcanzamos un nivel medio y otras donde el nivel es bajo. Esto suele pasar porque vivimos en montañas rusas de emociones y seguimos siendo dependientes de muchas circunstancias de nuestro mundo.

Los principios que construyamos y el esfuerzo que pongamos para tener cada vez más opciones nos abren las probabilidades de seguir aprendiendo y evolucionando.

Algunas veces no queremos hacer un esfuerzo porque nos da terror el fracaso, pero, como veremos más adelante, este es importante para valorar el éxito. Cuando nos esforzamos por conseguir algo, generamos nuevas opciones para nosotros mismos, y aunque el resultado no siempre sea el esperado, lo esencial es que haber caminado hasta el objetivo nos amplía nuestro mundo y los aprendizajes, y seguimos sumando conocimiento a nuestra persona, integrando elementos como la valentía o el tesón.

La aparición de nuevas opciones siempre nos moverá a no rendirnos. Lo que está claro es que sin esfuerzo no va a haber resultado ni recompensa.

Las personas ven en el éxito un equivalente a grandes porciones de suerte. Esta es un componente de azar, una especie de guarnición. Un acompañamiento que, si no tiene a quién acompañar, deja de ser útil en su función principal.

En el talento hay algo de innato, pero hay mucho de esfuerzo. Eres lo que practicas.

Hay que tener talento, estar en el sitio adecuado, buscando las oportunidades, pero si no hay esfuerzo, no hay resultado. Hay muchas personas con un talento innato que al no trabajarlo se quedaron con la duda de qué podrían haber conseguido si lo hubieran hecho. Viven mascando muchas incógnitas y con una gran aptitud por desarrollar.

Dylan, hace pocas semanas viniste del colegio y me dijiste:

—Mamá, un niño me ha dicho que papá es Alejandro Sanz porque tiene mucha suerte.

Papá tiene un gran talento para componer y emocionar con sus canciones. No es que lleve la música dentro, es que es música. Pero no fue consciente hasta que no empezó a tener un conocimiento de él mismo y de sus deseos y objetivos.

Siempre cuenta que la abuela María quería apuntarle a una clase extraescolar de kárate —posiblemente para que descargara toda la energía que a ella le robaba—. El día que fueron a hacerlo, las clases estaban cerradas y vio que la de guitarra estaba abierta y le matriculó.

No sé si eso es suerte, pero tirando de mi parte más romántica, quiero pensar que el destino quiso dirigirle hacia la opción que sacaría todas sus aptitudes de la forma más sorprendente y sensacional. No hay que olvidar que vuestro abuelo Jesús fue artista y que en la familia de papá el arte del baile y el cante define parte de su encanto. También en la familia de la abuela María hay mucho arte e ingenio, la verdad.

Seguramente tu compañero no quiso decir que papá es un suertudo que sin hacer nada tiene éxito, pero es bueno que tú lo sepas para que puedas explicar a quien esté confundido que él nunca ha parado de trabajar y de esforzarse por ser mejor, que sigue desarrollando su gran talento acompañado de trabajo cada vez que se pone delante de un folio en blanco para hacerlo canción o cuando se pasa meses enteros dando la vuelta al mundo de escenario en escenario.

Y quizás puedas decirle a él y a esas personas confundidas que la suerte la tenemos todos aquellos que gozamos de su música y nos hace transportarnos a lugares llenos de emoción.

En cualquier caso, tu amigo está en lo cierto al adivinar que papá sí es muy afortunado en algo: en hacer lo que le gusta. En hacerlo con pasión y con entrega.

Es importante poner mucho amor y persistencia en lo que uno hace para no rendirse. Y mucha adversidad también. Amor y dolor van de la mano. Esas opciones de las que hablo cuando el mundo se amplía solo ocurren cuando nos hacemos responsables de ser aquello que deseamos y trabajamos con esfuerzo para tener un resultado real y medible.

Sin esfuerzo no hay resultado.
Sin trabajo y persistencia no hay posibilidad de éxito ni acierto. Mayor autoestima, mayor aprendizaje.

Las opciones hay que buscarlas, no nos puede tocar la lotería si no compramos un décimo. Como decía Thomas Jefferson: «Cuanto más trabajo, más suerte tengo».

Debemos alcanzar niveles muy altos de autoestima, querernos mucho, perdonarnos a nosotros mismos cuando haya que hacerlo, no juzgarnos si algo sale mal, aceptarlo y buscar mejores opciones.

Si vivimos juzgándonos todo el tiempo, burlándonos o hablándonos mal de una forma ofensiva, no nos dejará SER.

Identifiquemos e intensifiquemos las oportunidades que la vida nos da de descubrir diferentes formas de poder SER cada vez más.

Hora de dormir. Antes de eso salgo un momento al jardín a ver a la Luna que hoy luce entera y se deja ver desbordante de belleza.

Observo unas rosas que están a punto de abrirse y de repente pienso que lo que siento por vosotros podría ser como rosas abriéndose en el agua en vez de en el aire, algo difícil pero también único.

Os quiero interminablemente.

4
EMOCIONES, SENTIMIENTOS

El lenguaje de los sentimientos y las emociones hay que vivirlo en primera persona. No se puede aprender como si de un idioma se tratara.

Raquel Perera

Mi amigo Álvaro P. siempre dice que me gusta mucho bailar con las palabras, y tiene razón. Bailar con el color de las palabras, la tonalidad de sus frases y el matiz de su expresión se convierte en el arte más bello de emocionar. Las palabras encierran para mí un valor incalculable y también tienen el poder de hacerme volar, elevando mi conocimiento hacia las alturas más seguras de la incertidumbre. Y si, además, están escritas, las hago hogar y me regocijo una y otra vez arropándome con ellas en las noches más frías y oscuras. Igual que la música, que me sirve de fiel compañera y sabe erizarme el alma y el cuerpo, dejando al descubierto la marea de mis emociones.

Las emociones son mi juguete favorito, no me canso de pasar tiempo con ellas, las beso, las odio, las reconozco, las esquivo, las disfruto, las nombro, las escondo, las necesito. Somos organismos de sentir. La capacidad emocional está relacionada con la profundidad del sentimiento.

El ser humano va a pretender sentirse siempre bien, buscamos el placer de forma incuestionable. Trabajar el potencial humano ayuda a entender la naturaleza de las emociones. La educación emocional nos hace entender cómo nos limitamos o ilimitamos utilizando nuestras emociones. Forman parte del proceso psicológico que nos informan cómo nos estamos adaptando y respondiendo al entorno.

Las emociones hay que conocerlas, reconocerlas y aprender a gestionarlas. Es el mejor activo con el que nacemos.

¿Qué es lo que causa la emoción? De forma muy sencilla, lo que la origina es la distancia que separa el cómo estamos del cómo queremos estar. Ahora ya sabemos que uno de los grandes conflictos que tenemos es ver el mundo como nosotros queremos verlo y no como se muestra en realidad.

En medio de esta desintegración que vamos a sentir durante muchos momentos en la vida, las emociones funcionan como filtros muy importantes que nos situarán más o menos lejos de conseguir nuestra meta: estar bien, sentir felicidad. Debemos utilizarlas como herramientas y ejercer el poder sobre ellas. Y así, no interrumpir nuestro crecimiento y continuar en la tarea de conocernos a nosotros mismos. No somos las emociones, ellas son el medio por el cual entenderemos mejor nuestros comportamientos. Las habilidades emocionales dependerán del grado de conocimiento que tengamos de estas y el buen manejo y gestión que hagamos con ellas.

Y como viene siendo habitual en mis explicaciones, el conocimiento emocional se va obteniendo gradualmente a medida que vamos creciendo. Podemos ser unos inmaduros y enanos emocionales o convertirnos en grandes soberanos de nuestro imperio emocional. Como casi todo, es una elección propia.

A lo largo de la vida reprimimos ciertas emociones por miedo, para no perder el control o, simplemente, por seguir reglas socioculturales. Siempre se ha dicho que hay emociones poco aceptables para un hombre, como las que se manifiestan con el llanto o la emoción de miedo. Pareciera que los hombres «nunca lloran» y vienen valientes de serie sin posibilidad de poder mostrar temor. Por el contrario, a las mujeres siempre se les ha permitido mostrar debilidad, llorar o sentir miedo y tener la necesidad de ser protegidas por los hombres. Por fortuna, estos «invariables» estereotipos culturales han ido cambiando y muriendo poco a poco.

Todas las emociones son naturales y todos tenemos que sentirlas, tanto las buenas como las malas y tanto los hombres como las mujeres. Si no existieran, el ser humano no tendría la capacidad de sentir, pensar, disfrutar y padecer las experiencias que encuentra, construye y acumula a través de la vida. Si no las sintiéramos, estaríamos enfermos, tendríamos una patología, que se denomina alexitimia.

En el ancho de banda de la emoción, desde la ira hasta la alegría hay un recorrido, y para llegar al extremo de dicha alegría no se puede reprimir el enojo o la rabia. No podemos vivir con la idea de que las emociones negativas no existen y hacer como que no las sentimos, no mostrarlas ni verbalizarlas, porque eso nos llevará a no poder reconocer la felicidad cuando aparezca por la puerta.

rabia (enfado) ____________________ alegría (felicidad)

Las cinco emociones principales son: el miedo, la rabia, la tristeza, la alegría y el asco. De estas podemos derivar muchas otras a modo de familiares, las cuales se sitúan en la línea delgada entre las emociones secundarias y los sentimientos, como podrían ser: la gratitud, la serenidad, la responsabilidad, la esperanza, la sorpresa, el deseo, la culpa...

Los sentimientos son un proceso de interpretación de las emociones, vendrían a ser como su reconocimiento. Somos completamente conscientes de los sentimientos y respondemos a partir de ellos de forma más permanente que con las emociones. Los sentimientos, digamos, que se instalan de manera consciente en nosotros sin intención de caducar. Las emociones, sin embargo, son temporales, suceden en respuesta a una situación concreta.

Procurad no tomar decisiones permanentes bajo el efecto de las emociones temporales. Cada emoción se siente de modo diferente y la intensidad con la que la sintáis os dará información del grado del conflicto o del confort en el que os encontráis.

Las emociones están originadas, bien por un estímulo directo, bien por uno que nos recuerda experiencias pasadas o doctrinas y creencias inculcadas —todos hemos experimentado cómo una emoción se cuela por nuestras vísceras a través de un recuerdo—. En el reconocimiento de que el mundo no es como nos gustaría que fuera, se generan las emociones de miedo y rabia —ira, enfado...— y a medida que aceptamos la distancia de ambos mundos y los acercamos, generaremos emoción de saciedad y placer —alegría, felicidad—.

Durante ese recorrido vamos a utilizar las emociones y los sentimientos con el fin de construir, aunque muchas veces la forma en la que los usamos más que beneficiarnos nos perjudican. Mientras nos sentimos bien y el mundo exterior se solapa casi a la perfección con nuestros deseos —mundo interno—, no nos cuestionamos demasiadas cosas, nos encanta sentirnos bien y bajo ese paraguas aparentemente nunca llueven dudas. Pero ¿qué pasa cuando el mundo se nos presenta inesperadamente contrario a lo deseado? Pues en ese momento aparece una víscera, una sensación que es física literalmente y que está asociada al sistema nervioso —dolor de estómago, tensión muscular, alteración de la frecuencia cardiaca—. Esta sensación provoca un pensamiento que trae consigo una respuesta emocional para terminar encajándose con una decisión que se traduce en comportamiento.

estímulo (señal)-sensación-
pensamiento-emoción-decisión-conducta

En este proceso, desde la señal del estímulo hasta la sensación —víscera— no tenemos voluntad, es algo que nos viene de fábrica de forma automática, el sistema nervioso responde de modo autónomo y es a partir de ahí donde tenemos a la conciencia que nos da la posibilidad de tomar el control de cómo queremos actuar.

Si utilizamos las emociones con un interés creado internamente, donde no hacemos nada por cambiar, vamos a afincarnos en las emociones de rabia y enfado. Esto nos pasa cuando vemos que el mundo y las personas no se ajustan a nuestro interés, a lo que queremos y esperamos de los demás. Se apodera la creencia de que es el mundo y los otros los que tienen que cambiar y no nosotros. Nos reforzamos con el pensamiento de que si el mundo fuera de otra manera, estaríamos más felices. Pero seguimos sin tomar acción y entonces nuestra posición es hacernos víctimas del mundo.

Estas situaciones, donde hacemos protagonistas a la rabia y el enfado, guardan una relación directa con el ego y el orgullo —desde el punto de vista de superioridad—, los cuales son dos anoréxicos gestores de emociones, cuya única función es proteger nuestra imagen, ocultándonos con máscaras falsas y arrogantes.

En estos momentos, mis queridos hijos, estáis en una etapa donde culpar a los demás por vuestra falta de confort os mantiene en un débil y peligroso camino para ser felices. No me preocupa en exceso por varias razones: primero porque son comportamientos infantiles y todavía algo inconscientes y sin maldad por vuestra parte —eso siempre alivia— , y segundo, porque forma parte del proceso de aprendizaje. Pero sí es importante que os ayude a reconducirlo. Considero interesante, además, que paséis por estos senderos del interés propio cuanto antes para que, cuanto antes también, os deis cuenta de que no os van a llevar donde verdaderamente queréis ir.

Dylan, a tu edad no sabes muy bien qué significado hay que darles a las emociones que uno siente y aún se siguen adueñando de ti esos impulsos primitivos de querer satisfacer tus necesidades de forma inmediata y por encima de todo. Lo único, mi amor, es que ya no eres bebé y has empezado a interactuar con el mundo, a tener relación con la ley de causa y efecto, a tener cada vez más conciencia de ti mismo, a desprenderte de la dependencia en muchos aspectos. En definitiva, a crecer no solo cronológica y biológicamente, sino también de manera espiritual y emocional. Y a eso no le puedes dar la espalda.

Hablemos, por ejemplo, de una emoción de medio enfado —descontento— que se apodera de muchos niños cuando empiezan a jugar al fútbol con sus equipos y pierden un partido. Sienten la emoción del descontento porque no ganan y en su opinión siempre es porque llueve y el campo no está en condiciones, porque el otro equipo es demasiado bueno, o incluso, porque no les hemos comprado las mejores botas que existen en el mercado. Se refugian en esa emoción de descontento, de la rabia y el orgullo para no asumir que, quizás, aparte de todas esas razones —lluvia, mejor contrincante, etc.—, quizás también hay alguna causa que pueda venir exclusivamente de ellos y del equipo. Contemplar que puede influir que apenas tienen experiencia, porque es su primer año jugando, al igual que sus compañeros, razones de peso que implican que también quizás deben cambiar algunas técnicas o mejorar otras para alcanzar la victoria tal y como les ha enseñado su entrenador. Si creen que no tienen nada que hacer y es el clima el que debe cambiar o el equipo contrincante cometer muchos errores para garantizar su éxito, o nosotros comprarles las mejores botas, no estarán utilizando sus emociones y sentimientos para gestionar la situación hacia un bienestar propio y poder cambiar sus estados de forma madura y constructiva. Será más eficiente que piensen y evalúen la situación, considerando todas las opciones posibles y que, a pesar de que llueva, que el equipo sea mejor y que sus botas no sean las de Cristiano Ronaldo, a pesar de todo eso pueden hacer cambios para mejorar el resultado y sus emociones hacia el extremo de la felicidad y la satisfacción.

Después de unos meses, de esforzarse más, de entrenar más y empezar a confiar y creer en ellos como equipo, comprobarán que pueden ganar y perder independientemente de muchos factores externos. Y lo más importante, que son capaces de mantener su estado emocional de fuerza y constancia, de esfuerzo y resultados. Es verdad que siguen estando algo tristes cuando pierden, pero ahora ven los fallos como oportunidades para mejorar.

Por cierto, en el libro procuro poner ejemplos relacionados con las edades más tempranas, cada uno que utilizo para descifrar un comportamiento lo podemos extender a edades adultas con situaciones donde se siguen produciendo pésimas gestiones emocionales, asentando de forma cada vez más solemne la fragilidad del ser humano. Tengo que confesar que lo grave es ver cómo adultos, que ya tienen alta capacidad y cognición, al igual que suficiente facultad intelectual para redirigir este tipo de estructuras emocionales, se siguen manteniendo en el vertical e inamovible poste del orgullo y el ego, incapaces de dar un paso hacia el cambio para mejorar su vida.

Otra forma muy común de utilizar las emociones para sentirnos bien es a través de la pena, el chantaje o la hipocresía. Intentamos cambiar algo o a alguien por medio de nuestras propias emociones —«Si doy pena y muestro sufrimiento, obtendré algo que no me he ganado». «Chantajeo psicológicamente a mis padres para que no salgan a cenar haciéndome el enfermo». «Le hago creer a mi pareja que estoy feliz con una situación cuando en realidad no es así por miedo a perderla»...—. El ansia de controlar las situaciones bajo el premeditado diseño de nuestras emociones nos lleva hasta tal punto que creemos que estas controlan la situación, pero en realidad la creencia oculta sería: «Si dejo este control, algo malo sucederá». Quien nos controla a nosotros aquí es el miedo. Este es una de las emociones naturales que más cuesta gestionar. Cuando aparece verdaderamente como una señal de alerta, nos está de algún modo protegiendo y avisando de un posible peligro, situaciones que forman parte de la supervivencia. Si voy por la noche caminando sola por la calle y se cruza una persona con mal aspecto y un cuchillo en la mano, mi cuerpo y mi mente se preparan para estar alerta bajo el mecanismo de pelea o fuga. La emoción de miedo en estos casos nos ayuda a poder reaccionar de manera rápida y eficaz para no resultar heridos.

Pero la mayoría de las veces que actuamos por miedo no se relaciona con momentos de supervivencia. En esas situaciones sentimos miedo por una programación del pasado pero, sobre todo por desconocimiento, por falta de información. Y es que el miedo es básicamente eso: falta de datos. Es una reacción a un resultado imaginario que se disminuye o elimina con estos. Por eso, cuantos más conocimientos tengamos del mundo y de nosotros mismos, menos miedo sentiremos, más autoestima y más opciones para tomar decisiones correctas.

Nunca tomemos decisiones basadas en el miedo.
Esta emoción va en contra de la toma de decisiones morales.

La información es esencial para la vida, cuanta más tengamos sobre el mundo y su funcionamiento, más libres seremos y menos miedo incubaremos. Hemos de estimular la búsqueda del conocimiento. La vida siempre se puede parecer a eso que soñamos, pero también a eso que nos asusta y nos llena de temor.

Cuando erais más pequeños os asustaba la oscuridad, es normal, y siempre terminábamos llegando a la conclusión de que el miedo estaba en nuestras cabezas.

Os cogía de la mano e íbamos a los lugares donde os daba miedo pasar porque estaba oscuro, por ejemplo, a vuestras propias habitaciones a la hora de dormir. Las recorríamos juntos y aun comprobando que no había nada que temer, vuestra mente seguía fabricando cierto riesgo de que pudiera pasar algo malo.

Asociar la oscuridad con el miedo es muy natural y va desapareciendo con la edad, pero tomar decisiones por miedo es algo que se nos puede quedar para siempre y, definitivamente, nos coarta el crecimiento.

Una de mis frases favoritas que siempre comparto con mis hijos es: «Nosotros somos fuertes y valientes». La fuerza no tiene tanto que ver con lo que somos capaces de romper, sino con aquello que somos capaces de salvar.

La valentía es la actitud de superación de los temores.
No hay valentía sin miedo.

Al miedo hay que mirarlo a la cara y atravesarlo para que desaparezca, porque si no, se convertirá en un fantasma que al alejarlo se hará cada vez más grande. En la vida ir con prudencia es sano, pero si esta se convierte en obsesión, ya no es prudencia, sino una forma solapada de miedo.

Bien sabéis lo que digo, Dylan, tú eres el rey de la prudencia, y muchas veces dejas de vivir experiencias por pensar que eres prudente cuando en realidad no te enfrentas a algo que te asusta, pero que te gustaría vivir. Hazlo, aunque sea con un poco de miedo, hazlo y luego toma la decisión de volver o no volverlo a hacer, pero con una base real y desde la experiencia.

Alma, tú eres más lanzada que tu hermano. Te gusta vivir todas las experiencias posibles con una disposición de aquel que se sabe en el lugar correcto. Sin embargo, tus miedos también existen, aunque se manifiestan de otra manera.

Os he visto a los dos enfrentaros a pequeños miedos, y es francamente conmovedor veros en esas situaciones, asustados sí, pero sin retroceder ni un solo paso ante esa imaginaria posibilidad de no salvaros. Qué gran satisfacción comprobar que aquello que os provocaba tanto temor, simplemente no puede afectaros y arrastraros a la invalidez permanente.

Perdemos demasiado tiempo y esfuerzo en proteger nuestros miedos, esas energías hay que utilizarlas para disfrutar de la vida. Tanto las experiencias positivas como las negativas nos dejan una marca emocional que están estrechamente ligadas a lo que sentimos, a la famosa víscera de bienestar o de incomodidad. Cuando la víscera nos lleva a sentir emociones positivas y de placer, no evaluamos demasiado nuestra respuesta emocional, nos dejamos llevar por ella porque nos hace sentir bien. Pero cuando hay vísceras incómodas y de dolor, la vida se convierte en un intento constante por tapar esa víscera y reprimimos las emociones negativas para no sufrir. Vivimos tapando esa víscera y evitamos el dolor y la incomodidad, haciendo lo que sea para que las cosas sean como nosotros queremos.

El constante esfuerzo por tapar esas vísceras nos lleva a tener vacíos y grietas emocionales a las que yo llamo deficiencias internas. Estas deficiencias son esos agujeros que sentimos dentro y que buscamos llenar con cosas del exterior. Es la creencia de que hay algo que solo el mundo de fuera nos puede dar para ser felices. La eterna sensación de pensar que nos falta algo para tocar la ansiada felicidad.

El deseo es una fijación que nos lleva hacia el placer, pero es una fijación que no está del todo bien integrada en nosotros en el momento en que creemos que estaremos plenos cuando lo consigamos.

No hay nada peor que lograr algo que deseamos y darnos cuenta de que nada dentro de nosotros ha cambiado.

El apego es lo que nos hace creer que necesitamos algo o a alguien para estar bien internamente. Tenemos miedo a dejar los apegos porque hemos fabricado emociones desde el interés creado desde dentro. A medida que crecemos deberíamos ir despojándonos de los apegos, pero es curioso que en muchos casos vayamos reuniendo cada vez más sin parar.

Un bebé es normal que sienta apego por sus papás porque son las personas que le cuidan, le protegen y le quieren, y porque sin ellos no podría vivir, pero ese apego hay que ir trabajándolo hasta que se convierta en admiración, ejemplo y cariño incondicional, donde el niño sienta que puede contar con sus padres, pero que para estar bien, sobre todo se necesita a él mismo.

Ser consciente de que hay vacíos y deficiencias en nosotros es bueno porque nos lleva a crecer y aprender. Las grietas que aparecen en nuestro interior, cuando las identificamos y las reparamos, hacen que vivamos en un renacimiento mucho más bello incluso que cuando no existían.

Comparto un artículo que escribí hace tiempo y que habla precisamente de las grietas y el arte de embellecerlas.

Siempre pensaré en la cantidad de veces que deberíamos nacer para poder digerir la infinita belleza que nos rodea [...].

Me faltan muchas vidas para poder leer todo lo que me gustaría, para poder escuchar toda la música que desearía y para poder apreciar el arte en todas sus variables, la naturaleza vibrante que sustenta la madre tierra y conocer las historias que esconden los ojos de cualquier ser humano.

Estas últimas semanas la vida explosiona frente a mí con gran lustro, brillo y robustez. Mayo siempre ha sido un mes muy magnético para mí.

He saltado de inquietud en inquietud saboreando la risa, la amistad macerada y la sorpresa alicatada de bondad. Me siento privilegiada por rodearme de personas bonitas de alma, de forma y fondo que me hacen saber que estoy en el lugar correcto...

Y en mitad de un placer, he recobrado la cordura de vivir con todo, pero, sobre todo, conmigo. A los pies de mi sensatez me he atado a la locura que cura... esa locura que lleva impregnada la frescura y la espontaneidad de las primeras veces.

Soy muy dada a las palabras raras con significado intenso: Bonhomía, Ataraxia, Celaje, y el otro día apareció Kintsugi. Palabra de la que me he enamorado.

Kintsugi —literalmente, parche de oro— es una técnica de origen japonés para arreglar fracturas de las cerámicas con barniz de resina espolvoreado con polvo de oro, plata o platino. Forma parte de una filosofía que plantea que las roturas y reparaciones forman parte de la historia de algo.

Descubrir quiénes somos y cuáles son nuestras costuras heredadas y cuáles las fisuras adquiridas es una de las misiones más importantes que se nos entrega al nacer.

En estos dos últimos años, he transitado por un lugar donde el silencio y las palabras huecas recorrían un laberinto interminable de indecisiones. Me paraba a descansar en un columpio donde buscaba la balanza, el equilibrio entre el amor y el dolor..., y solo encontraba dónde mecerme entre una inseguridad letal y un orgullo roído, boicoteándome a mí misma.

He tirado de manual de psicología, he agitado con fuerza la caja donde habitaba aquella Raquel sin miedo. Todo eso me vino generando una mastitis existencial que me tenía ahogada. Mi vida se acumulaba dentro de mí sin posibilidad de ser descorchada.

El dolor y el amor se mezclaron sin disolverse, se enredaron peleando sin piedad, deseando darse forma y explotar fuera de mí en una bella desembocadura, pero no encontraban la salida de dentro hacia afuera...

Las células de mi cuerpo destilaban ganas de abrirse paso por mis huesos y abrirse en la piel a través de esas grietas tristes que grapan las experiencias... Y de repente, ¡pum!, la vida se abre y se derrama, y como un milagro inesperado empiezo de nuevo a cultivar la magia y a plantar estrellas...

Y sí, duele enamorarse de la vida y del amor, pero solo ese dolor nos hace vulnerables y libres al mismo tiempo. Y si hay una causa noble por la que morir y agrietar nuestra existencia, esa es el amor.

Kintsugi, la técnica japonesa que te reconcilia con los errores, embelleciéndolos, que enseña la resiliencia, la reparación de las emociones, la belleza de las cicatrices. Me miro, acaricio mis parches de oro y pienso que siempre será mejor vivir por valores rescatados que por apariencias perfectas.

> He descubierto que un objeto es más bello por el hecho de haber estado roto. La reparación crea una excitante sensación de nueva vitalidad... y en lugar de considerarse que pierde valor, ese objeto alcanza de una inhalación, sus máximos históricos.
>
> Y así, el vencido es el que vence.
>
> Hoy, aquí y ahora os deseo mucho kintsugi para todos. En especial a mi querido Miguel S.
>
> *Hola*, 8 de junio de 2021

¿Cuándo los vacíos y las grietas nos limitan? Cuando creemos que podemos llenarlos y repararlas solo y exclusivamente con cosas del exterior. Lo correcto es ir haciendo un cambio en nosotros con respecto a la relación que hacemos con las cosas y con las personas, y de esa manera podremos superar nuestras deficiencias.

Desafortunadamente, muchas veces sentiremos cómo el desapego se produce aceptando perder lo que hemos conquistado a golpe de desearlo. El apego a las cosas materiales también es un gran talón de Aquiles en la vida de los seres humanos.

Confundir lo que somos con lo que tenemos es vivir en el infierno de la realidad, porque si lo que tenemos desaparece, lo que somos también desaparecerá en el proceso.

Si nos apegamos a cosas y a personas, en el momento en que esas cosas o esas personas desaparezcan, acabaremos perdiendo el SER. Hay que permitirse entender la naturaleza de no tener eso que no queremos perder.

He vivido en primera persona el apego, y reconozco que liberarse de él es muy sanador. En alguna ocasión me tocó salvar el pellejo huyendo de todo lo que pensaba que necesitaba. Creer que necesitamos lo que no tenemos es una limitación feroz. Creer que todo es un milagro y un regalo de la vida es un permiso de libertad.

El miedo, el apego, la tristeza, el dolor, casi todas las emociones negativas nos limitan, y si no luchamos por mantener los límites, se quedarán para siempre a nuestro lado. Cuanto más los defendamos, más se quedarán a convivir con nosotros.

Una forma de defender nuestros límites suele ser a través de la mentira. Una mentira es una distorsión de la realidad de forma deliberada. Cuando intercambiamos conscientemente la realidad por la fantasía es porque debajo hay un miedo y un ansia de protección.

Siempre se ha dicho que hay mentiras piadosas, esas que no destruyen, inocentes, y cuyo objetivo es tratar de hacer más digerible una verdad causando el menor daño posible. De acuerdo, se aceptan mentiras piadosas mientras no destruyan valor. Pero, en términos generales, la mentira es muy impostora.

El autoengaño es una mentira muy común que utilizamos para tranquilizar la conciencia.

La realidad tiene posibilidades infinitas, pero en el momento en el que nos mentimos o mentimos a los demás, estamos limitando la realidad interna y externa hasta ver cómo desaparecen ambas.

Si mentimos, nos hacemos automáticamente esclavos de la mentira, porque para poder sostenerla debemos seguir mintiendo, y mientras nos convertimos en esclavos, ella se convierte en poderosa. Está directamente relacionada con la autoestima: a mayor mentira, menos autoestima.

Cuando vemos que algo no está bien en nosotros y decidimos evitarlo o negarlo, estamos creando una especie de mentira. Pretender que algo no existe no es la forma de lidiar con ello. Cuanto más negamos los problemas, más grandes se hacen.

Mantener las mentiras requiere de mucha energía. Esa misma energía se puede utilizar para construir el amor, por ejemplo. El amor también nos protege y, sin embargo, no nos regala miedo.

El amor es el nivel más alto donde vivir. En breve os hablo de él. Hoy estoy especialmente cansada, no ha sido un día fácil. No quiero apegarme a la idea de que cambiáis mi estado emocional en segundos, pero así es. «Mamá, te quiero, eres la mejor». Me guardaré lo de «el halago debilita» para otra vida.

Os quiero, mis niños hermosos.

5

TRISTEZA, DOLOR Y SUFRIMIENTO

La crisis se produce cuando lo viejo no acaba de morir
y cuando lo nuevo no acaba de nacer.

Bertolt Brecht

Nos preparan desde que somos pequeños a formarnos para la vida profesional. Nos entrenan, nos educan y nos dicen que tenemos que estudiar, saber idiomas, hacer un máster, etc., para estar preparados, tener éxito y triunfar. Irremediablemente nos enfocan el triunfo hacia lo puramente académico.

Una de las cosas que más nos reconforta a papá y a mí es que, al terminar cualquier tutoría con vuestros profesores, señalan que, a pesar de la buena trayectoria académica, destacan el considerable manejo de vuestras emociones. Nunca hasta ahora habéis acudido a la violencia o rebeldía en el ámbito educativo, nos recalcan año tras año la bondad, educación y la capacidad de empatía y de respeto que tenéis.

Siempre he pensado que gran parte del éxito depende de las habilidades emocionales. He visto gente intelectual muy instruida muy formada académicamente, en grandes puestos de responsabilidad, y de repente verla caer y su vida desvanecerse por no saber manejar una situación puramente emocional.

Podemos pasar de ser personas capacitadas para resolver problemas en cualquier ámbito profesional a sentirnos paralíticos emocionales a la hora de desenredar un conflicto personal, lo que terminará afectando de manera negativa a nuestra profesión y a todas las aéreas de nuestra vida.

Cuando decidí estudiar Psicología, recuerdo que mi madre arrojó una sesgada opinión poniendo en duda las salidas profesionales de dicha disciplina. Nadie utilizaba el término de salud mental y mucho menos lo integraba en su vida diaria. Por aquel entonces casi nadie tampoco iba al psicólogo a no ser que tuviera una patología mental que la gente la relacionaba con «la locura». La psicología sufría y sufre un gran estigma del que espero que se salga más rápido que tarde. Un día, volviendo de la facultad, le dije:

—Mamá, vamos a vivir en la era de la ansiedad y la depresión. Nuestra forma de vida nos está llevando a tener este tipo de problemas. Manejar las emociones y sus malas consecuencias será el gran reto del siglo XXI.

Hace años, la Organización Mundial de la Salud estimaba que para 2020 los trastornos de ansiedad y los depresivos serían la primera causa de enfermedad en Europa. Esto hoy ya se ha superado. Mi madre aún me recuerda esa conversación con cierto orgullo y benevolencia. Es una persona fuerte y valiente, muy terrenal, práctica, realista. Necesita pruebas empíricas para creer en lo que nos pasa a los seres humanos, necesita su base científica. Las emociones y los sentimientos han estado siempre en el lugar de lo que no podía entender del todo. Al margen de su fe y creencia en Dios, lo que no veía y no tocaba era susceptible a no existir. Ya no lo cree. Le ha ido dando su correspondiente lugar a la inteligencia emocional y a sus beneficios. Entre otras cosas porque la vida la ha llevado a sentarse durante unas semanas en la consulta de un psicólogo. Me resulta grato saber que aprendió tanto de él como él de ella. Porque ese sexto sentido de madre cercana y muy presente la convirtió en la mejor de las psicólogas cuando se trata de adivinar lo que le pasa a un hijo, no tiene competencia. Con solo mirarte sabe por dónde paseas tus emociones y sentimientos. Un día, aún siendo pequeña, me dijo:

—No me mientas, que las madres lo sabemos todo.

Yo no me lo creía hasta que, efectivamente, a golpe de adivinar mis más escondidos sentimientos, me rendí ante su poder de vaticinar y atinar en un noventa y nueve por ciento de los casos. Incluso podía descifrarme de forma remota. Por teléfono y a miles de kilómetros, un día:

—Cariño, sé que algo no va bien, aquí estoy para lo que necesites.

Desde entonces cada año me tienta la idea de preguntarle por el número que saldrá en el sorteo de la lotería de Navidad. En cualquier caso, siempre será la que todo lo sabe y la que todo lo recuerda, la que se entera de todo y todo lo puede. Se ha ganado a pulso ser la mejor psicóloga, la mejor amiga, la mejor abuela, la mejor madre, la mejor esposa... La mejor y punto.

Mamá, como sé que me leerás, quiero volver a darte las gracias por todo lo que compartimos y vivimos, por tanto amor acumulado y por tantos buenos ratos. Los malos solo nos han hecho más fuertes y mejores, más conscientes. No cambiaría nada.

Qué bien elegida la madre que me parió.

Si tuviera que resaltar una de sus cualidades, sería la del entusiasmo y energía positiva. Su actitud ante la vida es que todo es posible si uno se enfoca y se dedica precisamente a hacerlo posible.

Se habla muchísimo de cómo la actitud es importante a la hora de enfrentar un episodio muy negativo e inesperado en nuestras vidas.

No hay evidencia científica de que exclusivamente una emoción negativa y un estado de preocupación permanente desarrollen una enfermedad. Pero sí se ha demostrado alguna relación entre las emociones y las patologías. Está demostrado que los pensamientos generan unos sentimientos que afectan de manera directa al sistema inmunológico. Este siglo está marcado por el estrés como fuente de importantes enfermedades. El estrés provoca desórdenes fisiológicos, físicos y emocionales. Nadie quiere sentir dolor ni sufrir. Yo no conozco a nadie que quiera sufrir y, sin embargo, todos pasamos por periodos de preocupación casi constantes.

Porque la vida duele. La vida, repito, es maravillosa y fascinante, pero también duele y mucho.

De repente un día se vuelve muy tensa y nos trae un episodio inesperado de mucho dolor. En ese momento aparece un gran desconcierto emocional que afecta a nuestra salud física y mental. Afecta a las relaciones personales, a los hábitos y a la relación con nosotros mismos. Y, sin embargo, hay algo tan real como verdadero, y es que todo ser humano es capaz de soportar y hacer frente a las adversidades, a las penurias, a las injusticias y a las desgracias.

Todos estamos capacitados para manejar el dolor y el sufrimiento, pero para ello es importante conocerse.

El dolor forma parte de la vida, lo vamos a experimentar en muchas ocasiones. Es físico —nos duele un brazo, el estómago, sube la temperatura, la presión—, es el indicativo de que vivimos en nuestro cuerpo. Si no lo sintiéramos, estaríamos enfermos —insensibilidad congénita al dolor—. El dolor nos informa, el dolor es inevitable. Lo sentiremos muchas veces representado en esa víscera que se mueve dentro de nosotros y que nos incomoda y molesta mucho. Tanto nos molestará que seremos capaces de hacer cosas impensables para que no aparezca o por hacerla desaparecer.

El sufrimiento, sin embargo, tiene un componente más emocional. Es el significado que le damos al dolor. Viene de un pensamiento que hemos fabricado nosotros. Es una proyección intelectual del miedo a lo que va a pasar y cuánto vaya a durar. Sufrimos muchas veces por miedo al futuro, que es incierto. La buena gestión del sufrimiento depende de la voluntad y el conocimiento que se tenga sobre él. El sufrimiento, dicen, dura el tiempo que demoramos en aceptar la realidad.

La emoción de la tristeza está muy relacionada con el dolor, la decepción, la angustia, la ansiedad, el sufrimiento y la depresión.

Sentir tristeza es natural y necesario para validar y valorar. Ahora bien, no es lo mismo estar triste que deprimido.

En ese inconformismo de no obtener del mundo lo que deseamos o recibir de los demás algo negativo que no esperamos es absolutamente normal que aparezca la tristeza. Esta es una emoción que está bien sentirla y abrazarla, pero suele ser temporal. Aceptamos que el mundo no es como esperamos, asumimos esa realidad y asumimos también que no podemos hacer nada por cambiarlo. Dejamos que nos recorra y le damos un tiempo limitado de vida.

Cuando aceptamos la tristeza y su proceso, no hay apenas sufrimiento. Podemos estar tristes cuando perdemos a un familiar o a un amigo cercano, podemos sentir tristeza cuando se nos trunca un plan, e incluso, sentirnos así sin motivo aparente, tal vez por un cambio hormonal o porque nos hemos levantado con un estado de ánimo bajo. En ocasiones confundimos el cómo estamos con el cómo nos sentimos. Podemos estar bien —tenemos salud, trabajo, una casa donde vivir, alimentos—, sin embargo, nos sentimos mal porque estamos atravesando un desierto, una desintegración o estamos luchando internamente con algo. A veces nos culpamos por sentirnos mal cuando en apariencia todo va de maravilla, cuando, además, sabemos que hay mucha gente que lo está pasando peor que nosotros.

Es muy lícito y legítimo sentirse mal,
aunque estemos bien.

La depresión es un trastorno psicológico, una psicopatología en la que, por distintas causas y razones, la persona afectada manifiesta ciertos síntomas: tristeza, apatía, angustia, sentimientos de desesperanza... Es decir, que la tristeza es solo una de las facetas de la depresión. Cuando la tristeza dura bastante tiempo e interfiere con las actividades normales y cotidianas, podría estar mutando a depresión. En esta el individuo ha perdido toda la creencia en su propia habilidad para cambiar su estado, para tomar acción, para aceptar y asumir la ley de causa y efecto. Está vacío de posibilidades. Se siente impotente y víctima total de su circunstancia incapaz de sentir felicidad. La depresión hay que saber identificarla y tratarla de forma profesional.

Otro modo de verlo es considerar que la tristeza es, en realidad, una emoción útil. Sirve para añadirle tono emocional a algunos recuerdos y, de ese modo, tomar decisiones más sabias en el futuro. La diferencia entre la tristeza y la depresión estaría, pues, en que la segunda en una alteración del funcionamiento normal del cerebro, algo que no es útil, sino que nos supone una barrera.

Muchas veces pensamos que estamos deprimidos, y en verdad lo que estamos es distraídos... distraídos de la belleza y la vida que nos rodea: la gente buena y honesta, la naturaleza, los animales, los bosques, los mares, las montañas, los ríos.

La belleza del bien siempre está en mayoría,
pero en ocasiones no se nota porque es más silenciosa
que el estridente mal.

Una bomba hace más ruido que una caricia, pero por cada bomba hay millones de caricias que alimentan la vida. Las experiencias que nos dejan sentimientos negativos tienen una parte de crecimiento personal, pero solo aparece con la aceptación. Aceptarnos en la vulnerabilidad es un gran paso para conocernos mejor y subir de nivel en integridad.

Alma me preguntó un día para qué valía la tristeza. Y para lo único que puede valer es para entrar dentro de nosotros mismos, para explorarnos. Sentirnos vulnerables nos hace fijarnos en lo valioso y en el infinito potencial que tenemos. La capacidad para demostrar nuestra valía también viene con la aceptación de la pérdida.

Es curioso, la tristeza incluso sirve para unir personas. Cuando vemos a un amigo o a un familiar estar triste, nuestro instinto nos lleva a ofrecer compañía. Es decir, la tristeza fomenta la capacidad de ponernos en el lugar del otro, fomenta de cierta manera la empatía entre las personas.

Aceptar la realidad que nos lleva a la tristeza no significa resignarse ni conformarse, no significa estar de acuerdo con lo que nos está sucediendo o ser indiferente a lo que nos ocurre. Significa comprender lo que nos está pasando.

Las personas que he conocido supervivientes de experiencias dolorosas, como una enfermedad o cualquier otro episodio duro en su vida, y que han trabajado para entenderlo como un reto y no como un problema, se les nota el renacimiento en sus ojos, se les nota el renacimiento en su forma de ser, han aprovechado la adversidad para transformarse en personas mejores, relativizan las cosas, son más compasivas, más sabias, más valientes y más elevadas. Han aprendido de la resiliencia, se han empoderado desde el interior no solo desde el reconocimiento exterior, han trabajado en su amor propio, en la autoestima, en quererse y posicionarse de nuevo.

Es preciso atravesar toda la región del dolor
para empezar a sanar.

Buceemos en nuestro interior, aceptemos el corazón herido y entreguémonos a la tarea de curarlo con inteligencia y ternura. De esta manera no seremos lastimados porque convertiremos la resiliencia en el ambiente natural.

Recuerdo que una vez lloré delante de vosotros sin ninguna razón aparente. No estaba en un buen momento emocional, pero no quería aparentar tristeza, no era una buena etapa para ninguno, así que me acostumbré a ponerme los zapatones y la nariz roja durante un tiempo. Sin embargo, al final del pasillo la tristeza empujaba mi espalda.

Esa noche en especial queríais que pidiera una *pizza* y así lo hice, siempre es un gran plan las cenas de *pizza*, pero qué decepción cuando llegó una que no se parecía a lo que me habíais pedido. Debí confundirme a la hora de encargarla. No me dijisteis nada tampoco, solo vi vuestras caras de desencanto y en aquel instante toda la tristeza acumulada me vino de golpe.

—Mamá, no llores, no es tu culpa, no pasa nada.

Cansada de deciros que no se llora por tonterías, ahí estaba yo, llorando porque una *pizza* no era la que esperabais, pero en realidad no lloraba por eso, corazones míos, lloraba por dolor, tristeza y frustración. Por soledad de mi propia persona, porque me echaba de menos a mí misma, porque llevaba mucho tiempo haciéndome la fuerte, sosteniendo la inseguridad y el miedo que me rodeaba. Y la *pizza* desembocó en un mar de lágrimas.

Los padres hacemos esas cosas, no queremos que os roce ni una pizca de nuestras tristezas.

Siempre digo que se llora por dolor y/o emoción, porque hay situaciones donde llorar no nos solucionará nada. En ocasiones nos vuelve a poseer el impulso primario de bebés cuando cubrir una necesidad se obtiene a través del llanto. Muchas veces no sentimos ni dolor ni emoción, solo lloramos por pura programación. Esas suelen ser las veces que lloramos de impotencia, por insatisfacción, por no conseguir lo que queremos, por no tener lo que tiene el otro, por no hacernos responsables, por hacernos víctimas... Hay muchos momentos donde llorar no está relacionado ni con el dolor ni con la emoción.

Si un niño tiene un juguete favorito y se lo quitan o lo pierde, seguramente se pondrá a llorar en parte por tristeza y en parte por ira, porque su circuito emocional es muy básico y no pasa por la conciencia. Y si mañana ese niño de adulto pierde un trabajo, un amor o cualquier objeto preferido, lo más normal es que sienta tristeza, decepción o rabia, pero lo mejor que puede hacer es sentirlo y dejarlo atrás cuanto antes, hacer la evaluación y el análisis correspondiente a la realidad, no agarrarse a esa tristeza eternamente, haciéndola parte de él y compañera de viaje. Porque ese trabajo, ese amor y ese obsequio ya no están en su presente, y si no puede hacer nada por cambiar esa realidad, lo conveniente es aceptarlo, agradecer el aprendizaje y soltarlo. Bajo la vulnerabilidad y la humildad se acepta la pérdida.

Cuando tengáis rabia, enfado, impotencia o frustración, podéis llorar durante unos minutos si así os descargáis, pero después toca acción para resolver el conflicto.

Analizar, conversar, verbalizar y decir qué es lo que no os gusta y os hace sentir mal. Es importante evaluar siempre cuando hay una emoción, recopilar información y tener cuantos más datos mejor, y no olvidéis que tenéis el poder de crear siempre vuestro estado emocional.

Las emociones nos ayudan a entender lo que está pasando y cómo aprender a sobrellevar los cambios. Son útiles y nos mueven hacia delante, nos permiten hacernos conscientes. Somos la conciencia despierta que observa lo que nos pasa y cómo nos sentimos, para de esa manera poder modificar, trasformar lo que sea necesario y elegir la mejor opción.

Estamos en un momento donde los problemas de salud mental ocupan los principales titulares en las secciones de sucesos de cualquier periódico o informativo. Tener ansiedad y depresión digamos que sería como estar asustado y agotado al mismo tiempo, es el miedo al fracaso, pero sin ganas de ser productivos, algo parecido a querer tener amistades y a la vez odiar socializar. Es querer estar solo pero no querer sentirse solo. Es sentir todo junto y sentirse paralizado, entumecido.

Tengo algún que otro recuerdo de varios ataques de ansiedad que me han dado en mi vida adulta, pero del que más me acuerdo con diferencia es de un único ataque de pánico que me dio hace bastantes años. Estaba en una tienda de decoración buscando algo para la casa. No había nada en ese momento que presagiara la llegada de una angustia o un repentino sentimiento de desconsuelo. Paseaba tranquilamente por la tienda cuando de repente sentí que algo le pasaba a mi cuerpo. Empecé a sentir palpitaciones, sensación de ahogo, inestabilidad, temblores, pero lo más terrible de todo fue apreciar la emoción de miedo y pánico. De pronto se apoderó de mí un vertiginoso temor a morirme. Literalmente sentía que me moría. En esos instantes donde todo era un desgobernado caos de sensaciones, me precipité hacia uno de los sofás que formaba parte de la tienda, un portentoso Minotti blanco, y me apoderé de él. Una vez allí sentada imploré a mi circuito de pensamiento que me regalara un poco de serenidad y calma. Saber que me estaba dando un ataque de pánico me ayudó a no caer en la histeria descontrolada, y aunque no pude evitar llorar, dirigía mis pensamientos a que eso pasaría pronto.

Una señora se acercó y me preguntó si estaba bien.

—Estoy sufriendo un ataque de pánico y siento que me voy a morir —le dije.

Estaba paralizada. Cualquier intento por tomar una decisión, me asustaba indefinidamente.

Mientras lloraba, le pedí que mirara en mi agenda del teléfono y que buscara el nombre de Sonia F. y que, por favor, la llamara. También que le dijera el lugar donde estaba y que viniera a por mí porque yo no era capaz de moverme. El pánico y el miedo me paralizaron totalmente el cuerpo y la cabeza. Fue horrible. Si cierro los ojos, puedo volver a aquel instante y darme cuenta de nuevo de lo terrible que es pasar por situaciones de esa clase. Definitivamente, la mente es una bomba que cuando menos lo esperamos explota ante nuestra incapacidad de controlarla. Desde ese día muchos profesionales me han dado las herramientas para entender y controlar los episodios ansiosos. Por fortuna, no me ha vuelto a dar ningún ataque de pánico más, pero desde esa experiencia decidí comenzar a explorar el mundo de las meditaciones y respiraciones guiadas, prácticas que son muy útiles para el manejo de la ansiedad y estrés.

Las personas se sienten desprotegidas de herramientas,
desamparadas en atenciones para lidiar con la ansiedad,
el estrés, las depresiones, las frustraciones, los desprecios
y la violencia.

Y lo peor de todo es que aún hay un estigma que forra la visibilidad de estos problemas, haciendo que no se atrevan a reconocer y confesar que se sienten mal y que necesitan ayuda.

Mi iPhone ha muerto esta semana, desde fuera no se nota que está estropeado, no tiene ningún rasguño. Sin embargo, algo pasa en su interior. Primero dejé de recibir mensajes, después no podía enviarlos, ni recibir o realizar llamadas, y finalmente no podía establecer ninguna conexión. Así se manifiesta una enfermedad mental. Mucha gente por fuera sigue intacta pero, por dentro puede estar hecha pedazos.

Los problemas de carácter psicológico viven ocultos, ya que no vamos por ahí con las emociones escayoladas, por tanto, no vemos a simple vista sus efectos. El deterioro suele ser como el que sufrió mi teléfono. Suelen dejar de sentir los cumplidos o las alegrías y, lo peor, tienen miedo a compartir lo que les está pasando y terminan enterrándose en un callejón de destrucción consigo mismas.

El miedo provoca la ansiedad, nos hace sentir fuera
de control mientras tratamos de poner las cosas en orden,
y a menudo lo que nos da miedo ni siquiera
es tan malo como el propio miedo.

El estigma nos hace ver que de alguna manera somos débiles por sufrir desajustes psicológicos. Sin embargo, si nos duele la cabeza o nos rompemos un brazo, vamos al médico a que nos opere y nos dé medicamentos, incluso si nos ponen una escayola, invitamos a los amigos a que nos la firmen. Para hacer inversiones buscamos profesionales de las finanzas que nos asesoren, igual que para resolver cualquier problema tecnológico llamamos a un técnico profesional. ¿Acaso nuestra felicidad es menos merecedora de ayuda?

Hijos míos, siempre que os encontréis desbordados o vuestro ánimo os falle, buscad ayuda especializada. La psicoterapia es un excelente medio para prevenir desequilibrios psicológicos.

Hay que empujar a que desaparezca el tabú y el estigma sobre la salud mental y poner todos los medios para sanar y lograr que la vida no nos pueda. Podría decir que he reído más que he llorado. Pero cuando permito a las lágrimas que se vistan de sufrimiento, parece que el mundo se acabe y yo con él. Porque como oí una vez, el sufrimiento es como un gas, que tiende a ocupar todo el espacio.

Muchas veces mi sufrimiento lo acuso al amor que os tengo. «Cuánto sufro por vosotros», pero no es justo pensar así. Después de conocer los laberintos emocionales del ser humano, no puedo creer que vosotros seáis la causa de mi sufrimiento, sino más bien dejo que el sufrimiento se identifique con el miedo de no poder protegeros lo suficiente, así que, lo justo es concluir que son mis malos intentos por legitimar los pensamientos incorrectos lo que me lleva a sufrir de manera innecesaria.

Mi cabeza se esfuerza por licuar lo que no vale. Me tomo la infusión de por la noche y anoto en mi diario que vosotros sois uno de los grandes motivos que hacéis que mi mundo sea, sencillamente, más habitable y bello.

Os quiero siempre.

6

CREENCIAS, VALORES Y PRINCIPIOS

Le preguntaron al gran matemático árabe Al-Juarismi
sobre el valor del ser humano y así contesto:
—Si tiene ética, entonces su valor es 1; si, además,
es inteligente, agréguele un 0 y su valor será 10; si
también es rico, súmele otro 0 y será 100; si por sobre
todo eso es, además, una bella persona, agréguele otro 0
y su valor será 1.000.
Sin embargo, el matemático aclaró:
—Si pierde el 1, que corresponde a la ética, perderá todo
su valor, pues solo quedarán los ceros.

A estas alturas del libro nos hemos dado cuenta ya de que todo gira en torno a lo mismo: a navegar entre las aguas de nuestro propio ser y a llegar a conocerse de tal manera que nos hagamos responsables de quiénes somos y de lo que hacemos, todo ello con la ayuda de una conciencia sostenida y despierta.

La vida es un baile con la realidad, y dependiendo de cuánto practiquemos ese baile, podremos evitar un mayor o menor número de pisotones y caídas entre la realidad del mundo que nos rodea y la de nuestro «yo» más esencial. Bucear en nosotros y sabernos nos da la oportunidad de reconocernos ante el espejo de la vida. Para que eso se dé hay una premisa importante: aprender.

La vida es un aprendizaje eterno,
y parte de ese aprendizaje es también un aprender
a desaprender.

Qué curioso que la palabra «personalidad» venga del latín «persona» —que a su vez proviene de «máscara»—. Es fundamental quitarnos para siempre las capas que vamos arrastrando con las ya famosas programaciones que entorpecen nuestro crecimiento, así como ir revisando y acolchando las creencias heredadas y sus asociaciones emocionales.

Somos víctimas de estrictos condicionamientos familiares y culturales de los que no podremos apartarnos fácilmente. La sociedad muchas veces nos empuja a aceptar sin mucho análisis algunas sospechosas circunstancias que nos imponen con endebles explicaciones. Nos educan bajo la no cuestión y seguimiento de reglas. Por ejemplo, conductas como el consumo o la búsqueda de éxito económico le dan un muy discutible sentido a la vida, que muchas personas prefieren no cuestionar. Yo sigo cuestionándome y aprendiendo cada día, integrando con la mayor honestidad y con el menor grado de contaminación posible el funcionamiento del mundo y de cómo me muestro ante él. Sigo enfrentándome a mis propias programaciones e intento eliminar aquellos estímulos condicionados que me llevaron a agarrarme a un pasado que no va a volver. Intento también no perpetuar los miedos y creencias limitantes, los cuales me incitan a invalidarme y a ser dependiente del propio mundo y de sus circunstancias.

Esto es un camino largo, pero depende de nosotros el saber lidiarlo con buena actitud y sabiduría. Es muy importante el conocimiento amplio y profundo, saber la naturaleza de las cosas, tener información, expandirnos en la experiencia, instruirnos en la percepción del mundo... Estamos hambrientos de verdadera sabiduría. De la cuna a la tumba la vida es una gran escuela, por eso el mayor conocimiento y entendimiento que tengamos de nuestra existencia nos ayudará a distinguir y a no llamar problemas a lo que en realidad son lecciones.

El conocimiento es poder y ganancia. Hoy en día se paga y se gana más por la fuerza mental que por la física. Muchas veces los fracasos solo son fallos en el aprendizaje. Si el conocimiento es poder, aprender es nuestro superpoder. En este proceso de identidad y vida hay algo que va de la mano con el aprendizaje, y es la manera en la que vayamos a asentar y a usar nuestras creencias, reglas, valores y principios, así como el modo de contextualizarlos en el marco ético-moral.

Intentaré explicar minuciosamente la interrelación de todos estos términos con el fin de plasmar la gran transcendencia que tiene el ubicarlos bien y darles el significado real y auténtico. Gobernarlos en nuestra vida con la menor distorsión posible nos dotará de mucho éxito interior y mucha integridad.

La ética es una guía interna de comportamiento. Postulados bien formados y consistentes por los cuales vivimos. Responde al conjunto de principios y normas que dirigen o valoran el comportamiento humano en relación con la moralidad.

La moral nos permite distinguir entre el bien y el mal. Digamos que la moral sería el mapa y la ética sería la brújula. Nuestra ética la vamos construyendo internamente, no nos viene de fábrica. Tanto la moral como la ética se forman en función de los valores y normas que estimemos como buenas y malas. La vida nos pone en el mapa de la moralidad, donde el mal y el bien, lo correcto y lo incorrecto, lo malo y lo bueno, tienen sus diferentes coordenadas, y con la brújula de la ética iremos haciendo camino, determinando nuestro propio nivel ético-moral, lo que terminará definiéndonos como personas.

Siempre que tomamos una decisión estamos sosteniendo un valor. Este puede ser profundamente ético o superficialmente ético. Tanto la ética como los valores son medibles y se pueden detectar y observar con nuestras acciones y comportamientos.

Los valores son motivaciones que nos empujan a actuar de una manera o de otra, pero no son comportamientos, son el motivo por el que actuamos —se alinean con los sentimientos—. Los valores éticos los tenemos jerarquizados en una escala según lo que es importante para nosotros pero, repito, no son acciones, ya que como veremos en un mismo contexto nuestros valores pueden ser buenos y nuestras acciones malas.

Me gusta comparar el mal y el bien con la imagen de un péndulo que oscila a ambos lados —malo y bueno— y que su presencia nos invade desde que somos pequeños. La teoría del bien y del mal es uno de los principios más universales que nos inculcan prácticamente desde que nacemos.

En los primeros años de vida nos exigen entender estos dos conceptos a través de reglas y normas, puesto que como hemos venido hablando en páginas anteriores no nacemos sabiendo ni teniendo consciencia de dónde estamos y adónde queremos llegar. Desde que somos pequeños nos dicen lo que está bien y lo que está mal, y nosotros, desde la ignorancia de no ser conscientes del protagonismo que tendremos más adelante, vamos creciendo y escuchando a nuestro entorno, principalmente a nuestros padres o tutores cosas como: «Eso no se hace, eso está mal». «Eres malo si haces eso»... Dichas frases suelen ir acompañadas con gestos de desaprobación y tonos de voz duros y elevados. Por el contrario, cuando se trata de algo bueno, escuchamos cosas como: «Muy bien, eso está muy bien, eres muy bueno», dicen mientras los vemos sonreír y validar lo que hemos hecho con un tono afable y tierno, aplaudiendo y reforzando nuestras acciones. Adivinamos que ahí ya se están haciendo grandes asociaciones y programaciones en la mente, que irán formando parte de ese «cuestionable tesoro» que coleccionamos irremediablemente en nuestros archivos cerebrales y que, no me canso de repetir en este libro, merecen repasarse una y otra vez a medida que crecemos y tenemos experiencia.

Nos pasamos la vida intentando hacer las cosas bien y evitando hacer lo que está mal. ¿Pero qué es lo que está bien y lo que está mal? Para resumirlo de forma concisa y clara, todo lo que construye valor en el mundo y anima a la supervivencia está bien, y todo lo que destruye valor en el mundo y va en contra de la supervivencia está mal. Es decir, no solo se trata de pensar y actuar para un beneficio solo individual, sino para una ganancia y provecho global y colectivo.

Todo lo que implique violencia o agresión destruye valor, y todo lo que provoca amor lo construye.

El amor por uno mismo, por nuestros semejantes, por los seres vivos y el planeta, en general, es el nivel más alto que abarca el bien. Si hemos visto que la ética es una guía interna de comportamiento, las reglas actúan como guías externas de este. Todas las reglas deberían estar basadas en una ética. Las reglas nos hacen más fácil la vida, nos ahorran tiempo para decidir y esfuerzo para pensar, pero es importantísimo asegurarnos que están basadas en una ética, porque sin ética que la respalde esa regla pierde su valor. Por ejemplo, en el contexto de la seguridad vial, las señales de tráfico son las reglas con sus respectivas normas, *stop* —parar—, semáforo verde —avanzar— rojo —parar—, usos de cinturón de seguridad, etc., y la ética que respalda esas reglas es la seguridad de las personas.

El otro día pensaba precisamente en esto cuando conducía por la M-40 de Madrid. El límite de velocidad en casi todo el tramo que suelo recorrer es de cien kilómetros/hora. Me atrevo a decir que en algunas de sus rectas infinitas he superado esa velocidad con cierta seguridad, aunque siendo siempre consciente de que estaba rebasando un poquito la velocidad permitida y, por tanto, desobedeciendo las normas. Utilizo prácticamente a diario la M-40, y el otro día mientras conducía por uno de los carriles de la izquierda pude ver cómo se incorporaba un coche de la policía a la autopista. Es curioso como todos los vehículos que nos dimos cuenta de ello disminuimos la velocidad de forma paulatina, pero precipitada a la vez, asegurándonos que respetábamos y seguíamos la regla que marcaban las señales de velocidad máxima. Pude comprobar en ese instante como una regla la dejamos de avalar como ética y simplemente la seguimos por miedo a las consecuencias. La señal de velocidad máxima que marca la autopista es una regla que controla y disminuye el riesgo de accidentes, y que está respaldada por la ética de la seguridad, cuyo valor es la supervivencia y el respeto por nuestra vida y la de los demás. Si solo mantenemos la velocidad permitida y exigida por la regla cuando hay policía, estaremos dejando de ser éticos y solo seguimos la regla por miedo a la consecuencia de una multa, pero no reflejamos la ética que se manifiesta al evitar el riesgo de tener un accidente de coche.

En el momento previo a aparecer la policía, ya la regla ha dejado de tener un valor alto para nosotros y deja de ser importante en el momento en el que decidimos ir más deprisa de lo permitido.

Para ser éticos deberíamos respetar las reglas, no porque algo externo nos obligue, sino porque verdaderamente queremos apoyar nuestra ética interna en ese contexto, porque la hemos interiorizado y hecho nuestra.

En el ejemplo deberíamos, pues, elegir de manera consciente y sin ser coartados el no superar la velocidad de cien kilómetros/hora, independientemente de si hay policía o no. Cuando somos éticos en nuestras decisiones nos elevamos y sostenemos los valores más altos de tal forma que nos estaremos acercando a ser las personas que en realidad queremos ser. La ética y la regla están muy ligadas y solo hay una cosa que las puede separar y esa cosa es el miedo.

Una regla deja de tener ética cuando la seguimos solo y exclusivamente por miedo a un castigo. Sin embargo, cuando una regla la sostenemos como ética y no lleva miedo, entonces se convierte en un principio para nosotros. Los principios los situaremos en nuestra escala de los valores más importantes, haciendo uso de ellos en cada oportunidad que se les implore.

Si creemos en la fidelidad y queremos ser fieles a nuestra pareja, porque tenemos ese valor realmente como algo muy importante, como un principio del que queremos ser consistentes, no significa que tengamos que tenerla todo el rato pegada a nosotros, recordándonos de forma velada tan solo con su presencia cuáles son las reglas de la fidelidad, simplemente deberíamos seguir nuestra ética de la fidelidad por encima del valor del placer indiscriminado o el impulso sexual que en un momento dado podamos sentir cuando no estamos con ella.

Si somos fieles solo por miedo a que nos descubran, o esperamos a ser infieles bajo un plan muy bien urdido, estaremos vistiendo de gala nuestro autoengaño y deficiencias, y las consecuencias estallarán en algún momento.

Cuando la responsabilidad no la reconocemos, pensamos que evitamos las consecuencias, pero no. Estas nunca se eliminan, siempre aparecen. Todo está mal o bien en función de nuestro escáner interno. Lo más honesto sería en todo caso hablar con nuestra pareja y juntos evaluar el tener una relación abierta. Esto no quiere decir que el placer sea siempre un valor bajo ni mucho menos, cuando haces algo por placer sin quebrantar ningún valor más alto entonces no hay por qué sentirse mal. Tomarte un helado sin más, aunque tenga muchas calorías, salir de fiesta o tener sexo es bueno siempre y cuando no estés rompiendo un compromiso contigo mismo.

Solo si tomamos decisiones por placer y para satisfacer una necesidad, solo y exclusivamente nuestra, corremos el riesgo de convertirnos en personas con grandes dosis de narcisismo —no haremos absolutamente nunca nada por nadie—. Nos relacionamos por un intercambio mutuo de valor.

Dylan, Alma, aseguraos siempre de que los valores que intercambiáis con las personas que tenéis cerca sean similares.

Hemos creado las reglas para autorregularnos y tener cierto miedo a las consecuencias de nuestros actos. Como hemos visto con el ejemplo de la seguridad vial, nos mantiene en un estado óptimo de comportamiento en la sociedad. Precisamente no podríamos eliminar las reglas porque, al no ser personas consistentes en valores altos —personas plenamente éticas—, el mundo sería un caos. También cuando seguimos reglas sin pensar ni evaluar somos más débiles en autoridad y nos pueden manipular.

La gente se aprovecha de aquellos que no piensan mucho ni se cuestionan nada. Un país, por ejemplo, en el que su política no se basa en la fortaleza de valores ético-morales podría llegar al poder a través de imponer reglas basadas en el miedo, convirtiéndose en uno dependiente, y un país con individuos dependientes son muy controlables. Las reglas son predictibilidad y control. Si algo es predecible y controlable, hay menos posibilidades de que los resultados no sean como esperamos.

Cuando somos pequeños es muy normal que sigamos reglas con algo de miedo a la represalia porque no tenemos la comprensión interior adecuada para entender la ética. Es más, los niños muchas veces de modo inconsciente piden reglas precisamente porque creen que sin ellas no van a saber comportarse. Forma parte del proceso de aprender. Necesitan límites.

A los adultos nos pasa en cierta manera lo mismo, a pesar de conocer cómo funcionan las leyes, la ética y defender valores como el respeto, en algunos contextos necesitamos que nos pongan y poner límites, y en muchas situaciones, tanto personales como profesionales, agradecemos las reglas y las normas para no mostrar nuestra débil ética y no «cagarla» con nuestras conductas. Es lógico y normal en los niños, pero menos aceptable en los adultos. Lo correcto es seguir el proceso de aprendizaje e ir transformándonos en seres siempre mejores y no parar hasta construir una fuerte ética y aplicarla de forma consciente y consistente.

La ética es siempre un concepto más alto que la regla,
en algunas ocasiones es necesario incluso romper alguna regla
para sostener una ética.

Por ejemplo, si estamos en un hospital y hay una regla de seguir el turno de llegada haciendo una fila en la recepción de urgencias, pero aparece alguien que precisa atención inmediata dada la gravedad, la regla de esperar el turno se rompe automáticamente por la ética de salvar la vida de esa persona. La justicia está muy relacionada con todo esto. Su naturaleza nos empuja muchas veces a romper normas por construir valor en el mundo y alimentar el progreso. Es un principio de gran valor y, sin embargo, está muy maltratada en la sociedad.

La justicia es el aspecto más difícil del amor y va a existir siempre que exista el alma y las leyes. Sea como fuere, la justicia interna nos hace ver y sentir que todo está en orden y correcto. En términos de potencial humano, la justicia es el reflejo externo de nuestro reflejo interno de amor.

Estoy segura de que todos en alguna ocasión nos hemos visto en situaciones de querer defender una ética, pero para ello teníamos que pasar por romper una regla. Si hemos defendido la ética con valores honestos y justos, significa que no hemos considerado el miedo que podía haber por no seguir esa regla. Nuestra ética en principios altos goza de buena salud. La ética se convierte en la lucha de la mente por sostener un principio o ideología. El veredicto de cómo estamos viviendo viene en función de nuestros principios.

La naturaleza de la vida es tener un principio.
Cuando este no lleva amor ni justicia, es un principio
dotado de valores destructivos y tóxicos.

La gente dice que «muere» por sus principios. Será una exquisita tarea en la vida elegir los más nobles por los que queremos «morir» y ser consistentes en nuestra ética por demostrarlo.

Almita, hay situaciones en las que no tengo otra opción que colocarte en el altar de mis influencias y de mi corazón. En una ocasión te recogí del colegio y me dijiste:

—Mamá, no nos dejan sacar alimentos del comedor, está prohibido, pero hay un gatito que siempre está cerca del colegio y me guardé un trozo de pan para dárselo. ¿Soy mala? ¿Me castigarán si se enteran mis profesoras?

—Cariño —respondí mientras observaba la ternura que disparaban tus ojos—, que quieras ocuparte de que el gato tenga comida y cuidados es un valor muy bueno. Hay veces que romper una regla significa construir más valor que seguir la norma con los ojos cerrados. Estoy segura de que tus profesoras no te castigarían por eso, pero si sientes que quieres ayudar a ese gato, quizás deberías decírselo a tus maestras o buscar otras opciones para darle comida. Pero tu acción ha sido de valor y buena.

De adultos seguimos rompiendo reglas, lo más efectivo sería tomarnos el tiempo de ver si las rompemos por ética, por miedo, por desafío y rebeldía, por pura vaguearía, por desconocimiento o incluso por cubrir una deficiencia interna —bajo autoamor y baja autoestima—. Cuando uno no sabe cuál es la naturaleza de lo que está haciendo, es difícil poder tener éxito. Lo primero que deberíamos conseguir es diferenciar claramente qué valores seguimos como principios construidos desde la ética personal y cuáles seguimos por pura regla sin más. A veces nuestra educación familiar y social nos hace creer que seguimos una ética cuando en realidad lo que estamos siguiendo son puras reglas.

Pasa lo mismo con las creencias. En ocasiones mantenemos una que pensamos que está fundada por nuestra propia ética y principios y, sin embargo, un día y ante un acontecimiento concreto que nos trae la experiencia nos tomamos el tiempo de cuestionarla y descubrimos que la estamos conservando por costumbre o fidelidad a una norma heredada, pero que no compartimos y no nos identificamos lo suficiente como para convivir con ella toda la vida.

Una creencia es una idea o pensamiento que se asume como verdadero, pero que puede no serlo.

Las creencias son la base de nuestra cognición y, por tanto, de nuestras conductas y personalidades. Cometemos el error de asumir como creencias cosas que en verdad son suposiciones que no hemos cuestionado y las damos como ciertas solo por tener conocimiento teórico de ellas, pero no práctico. El conocimiento práctico implica experiencia. Yo puedo creer por los datos que tengo de las opiniones de otras personas, que al tirarme de un avión en caída libre puedo sentirme muy bien y ser divertido, pero hasta que no lo haga no sabré si en efecto me gusta o no. Tengo la creencia de que puedo correr cinco kilómetros, ya que poseo los datos suficientes como para poder hacerlo —dos piernas, estoy bien de salud, tengo el tiempo para hacerlo, etc.—, pero no sabré con certeza si puedo o no hasta que no corra esos cinco kilómetros de forma práctica y real.

Hay creencias que responden a principios universales que no necesitamos experimentar, puesto que gracias a investigaciones científicas han demostrado su valía y autenticidad. Por ejemplo, sé que si suelto el boli tengo información suficiente para creer que se va a caer porque existe y conozco la ley de la gravedad. De la misma manera que no tengo la duda de que si me tiro por un balcón voy a caer al suelo. Este tipo de creencias que forman la realidad no tenemos la necesidad de evaluarlas. Su rigidez como principios universales nos ahorran tiempo y esfuerzo igual que algunas de las reglas que hemos visto anteriormente.

Pero por otro lado si muchos de nuestros antepasados no se hubieran cuestionado ciertas creencias, el mundo no hubiese evolucionado en algunos aspectos. Hay cosas que se creían imposibles de conseguir y se han conseguido.

También hay algo que debemos considerar, y es que, ocasionalmente, confundimos la fe y la razón, lo que creemos con lo que sabemos. No es lo mismo creer en algo porque lo sabes, que saber algo porque lo crees. Saber es raciocinio, implica proceso de pensar, intelectualidad y reflexión, experiencia y comprobación de hipótesis. La fe tiene un componente más divino y está más relacionado con lo sobrenatural, milagroso y esperanzador. Se da cuando no tenemos tantos datos empíricos, pero creemos en que algo es como es por una mezcla de lo heredado, lo adquirido, pero, sobre todo hay una gran consideración de lo espiritual, divino y místico.

La creencia en una determinada religión, por ejemplo, suele instalarse en la gente inicialmente por educación y cultura. Hay millones de personas que se han educado bajo la religión cristiana y la creencia en Dios. La influencia familiar y cultural abarca gran parte del inicio de nuestro pensamiento crítico. De tal modo que si hemos nacido en una familia católica seguramente crezcamos asimilando esos dogmas y aceptando esa creencia como válida y única. Lo mismo si hemos crecido bajo la doctrina del judaísmo, el budismo, el hinduismo o la religión islámica. Pero si no somos capaces de conocer, evaluar, hacer conocimiento individual de forma teórica —leyendo e investigando mucho— y/o de forma práctica con la experiencia, simplemente seguiremos creyendo en un determinado Dios sin ni siquiera cuestionarnos que existen otras opciones que quizás y solo quizás se pudieran identificar más con nosotros.

Conozco a muchos padres que han bautizado a sus hijos por sus creencias más arraigadas y a otros tantos que, a pesar de la creencia, se cuestionan si bautizarlos o no y esperar a que sean ellos los que elijan cuando sean más grandes y capaces de saber si comparten esa creencia o no.

Hay creencias inculcadas que están cuidadosamente trasladadas para producir un efecto muy preciso en nosotros. Somos conducidos de una manera irresistible a experimentar ciertas emociones y a extraer determinadas conclusiones sin cuestionarnos nada; de tal forma que cuidamos con el mismo esmero, inconscientemente, cada detalle de esas creencias. Así, cuando elegimos una interpretación acerca de lo que sucede en nuestra vida, solemos optar por escoger aquella que nos permite continuar sosteniendo nuestras viejas creencias.

Una mente libre es la que es capaz de evaluar, cuestionar y analizar cualquier cosa de cualquier ámbito.

Por tanto, si tuviéramos la costumbre de tratar algunas de nuestras creencias como suposiciones —hipótesis que pueden o no ser reales—, seríamos más flexibles, y al evaluarlas tendríamos más opciones, pudiendo por un lado cambiar ciertos pensamientos o seguir con los mismos patrones, pero según una evaluación y por una experiencia.

Las creencias heredadas o adquiridas sin ningún tipo de análisis muchas veces nos limitan, coartan la conducta y restringen la flexibilidad de nuestra salud física y emocional. Hay un fragmento de un poema de Kipling que dice: «Conservo seis honestos sirvientes que me enseñaron mucho de lo que sé. Sus nombres son Qué, Por Qué, Cuándo, Cómo, Dónde y Quién». El premio Nobel de Literatura no solo se hacía estas preguntas para que su obra fuera interesante, también para despertar su curiosidad ante la vida.

Hijos míos, atreveos a adueñaros de vuestra autenticidad, nunca pretendáis ser quienes no sois. Vais a ver como mucha gente sigue alegremente la corriente, aceptando sin cuestionarse. Hay muchas personas que olvidan haber cedido a la presión de otros porque se conforman y dejan de luchar por lo que siempre han soñado ser.

Las creencias que chocan frontalmente con los límites de numerosas personas hoy en día tienen que ver, por ejemplo, con la orientación sexual —LGTBIQ+—, la ideología religiosa, un estilo determinado de vestir o el régimen en cuanto a las relaciones sexuales y afectivas —monogamia, poliamor—, por nombrar unas cuantas.

Más que de los conflictos en sí, nos vamos desprendiendo de los viejos pensamientos y creencias con los que los construimos. Cuando no hay un conflicto interno y sentimos armonía con las creencias adquiridas, todo está bien y no sentimos la necesidad de búsqueda, pero si tenemos conflicto interno y empezamos a no sentirnos cómodos con ciertas creencias que vienen de nuestros padres o de una cultura social, debemos atrevemos a romper con la rigidez de esa creencia porque de lo contrario estaremos yendo en contra de nosotros y no podremos formarnos como seres humanos éticos e íntegros y no lograremos tampoco vivir en coherencia con lo que somos y sentimos. De esta manera el miedo por el qué dirán, el miedo a decepcionar o a ser criticados aplastaría nuestra verdadera identidad y los sueños que queremos alcanzar.

En esta amplia ecuación donde se conjugan las reglas, la ética, las creencias y los valores, el conocimiento y el manejo que tengamos de estos conceptos nos van a situar en un escenario donde nos veremos obligados a elegir continuamente, y al elegir seguiremos construyendo nuestra forma de ser, nuestra personalidad, identidad, así como definiendo la ética personal y el nivel moral.

En medio de todo esto, la motivación y la toma de decisiones adoptan papeles muy significativos. Siempre hay un motivo por el que actuamos, siempre hay un motivo por el que somos de la manera que somos y siempre hay una motivación que nos lleva a ser las personas que queremos realmente ser. ¿Qué es lo que nos motiva? Nuestros valores y principios son los que nos empujan a distinguir, elegir y actuar.

Universalmente hablando, los valores humanos son aquellos aspectos positivos que nos permiten convivir con otras personas de un modo justo con el fin de alcanzar un beneficio global como sociedad. Existen en cualquier sociedad sin importar el país, la cultura o la religión, y están considerados como buenos tanto en el ámbito individual como en el colectivo. Un valor debería resultar tan útil y beneficioso para nosotros como para el resto de nuestros semejantes. Sin embargo, si lo analizamos como rasgo únicamente particular, veremos que los valores personales de un individuo pueden variar, son cambiantes, aunque todos coincidimos cuando hablamos de nuestra escala de valores refiriéndonos de forma unánime a valores como el respeto, el amor, la generosidad, la empatía, la tolerancia, el compromiso, la honestidad... pero poco hablamos de los valores más pobres y débiles que albergamos con muchas de nuestras acciones y que son muy demandados como la saciedad, el placer inmediato, la pereza, la comodidad o el dinero. Practicarlos nos da satisfacción, y vivir conforme a ellos es, supuestamente, vivir conforme a nuestras creencias.

A través de la educación, la cultura, la familia, la experiencia y el conocimiento de vida, los valores se instalan en nosotros y trataremos de satisfacerlos todo el tiempo. Tomamos decisiones basadas en lo que es valioso e importante para nosotros. ¿Y qué es lo importante? Sea lo que sea, es lo que invoca que tengamos valores.

Recuerdo como si fuera hoy una de las primeras conversaciones que tuve con vosotros con respecto a los valores. Estábamos comiendo. Era día festivo. No me acuerdo qué comíamos, pero sí que era algo que os gustaba mucho. Sería posiblemente pasta carbonara.

Dylan, en un momento determinado empezaste a masticar con la boca abierta, de tal manera que el ruido que hacías no solo era desagradable y espantoso, sino poco considerado.

En casa nunca hemos sido especialmente estrictos con los modales cuando comenzabais a comer solitos, todo lo contrario, más bien os dejábamos que os deleitarais explorando la comida, los alimentos, sus texturas, con los cubiertos o sin ellos. Pero como toda evolución y progreso, al menos se deben saber cuáles son los modales, la forma correcta de comer, cómo utilizar los cubiertos, la servilleta, la postura, así como manifestar la gratitud que merece tener alimentos en la mesa cada día. Saberlo es muy importante, hacerlo depende de cada uno.

Por entonces ya tenías capacidad de poder reproducir de modo apropiado el comportamiento en la mesa. Aunque eras demasiado pequeño para pretender ser el rey del protocolo, lo cierto es que nos habías escuchado y habías entendido las formas básicas mientras se come.

Mis permanentes esfuerzos por entender la educación temprana, el funcionamiento de la mente y el comportamiento humano en las diferentes etapas me llevaban a seguir de la manera más exacta posible «mis deberes» en el autocontrol y a manejar esos impulsos inmediatos de corregir autoritariamente sin cuestionar. Así que en vez de soltar la típica frase imperativa de «Dylan, por favor, come con la boca cerrada», me dispuse a masticar mi paciencia con la misma atención y cortesía con la que deseaba que masticaras tu comida.

—Dylan —te dije—, es bastante molesto el ruido que haces comiendo con la boca abierta, aparte de que no te ves nada bien comiendo así.

En ese momento te imité y me puse a comer con la boca abierta haciendo incluso un ruido aún más desagradable. A continuación, te pregunté:

—¿Qué tal se me ve a mí?

—Fatal, mamá, horrible.

—Pues así te ves tú, Dylan. Se ve fatal.

—De todas formas, mamá —me respondiste—, hay gente que sí come con la boca abierta, lo he visto en fulanito y menganito...

—Ya lo sé, cariño, hay gente que come con la boca abierta, sí, y también la hay que come con la boca cerrada. Existen las dos opciones. Solo tienes que elegir qué tipo de persona quieres ser tú: la que come con la boca abierta o la que lo hace con la boca cerrada.

Te quedaste un momento pensando y continuaste con la boca abierta unos cuantos segundos más. Instantes después nos miraste a tu hermana y a mí, te reíste y luego cerraste la boca para seguir comiendo.

Esta conversación provocada por la forma de comer de Dylan es solo un ejemplo que me invitó a hablar con ellos de los valores, principios y del concepto del mal y del bien, de lo correcto y de lo incorrecto. Fue una muy buena excusa para ir más profundamente a explicarles conceptos morales que forman parte importante de la vida y con los que convivimos de manera constante.

En cualquier caso, he de decir que esta anécdota me abre también una ventana para exponer cómo los seres humanos actuamos frente al miedo y al castigo. Si yo hubiera obligado a mi hijo a comer con la boca cerrada, si se lo exijo como una regla o norma inalterable porque si no lo hace le riño, él seguramente comería con la boca cerrada por no sufrir la represalia, pero no para defender un valor que quiere sostener y lograr ser la persona que realmente quiere ser. Esto no quiere decir que no haya tenido que seguir diciéndole lo desagradable que es escuchar el ruido de la comida después de aquella experiencia. En alguna ocasión he seguido insistiendo, pero a medida que ha pasado el tiempo, prácticamente nunca se lo he tenido que repetir. En la actualidad él elige comer con la boca cerrada por un valor que lo ha convertido en principio de la buena educación y que le empuja a ser la persona en la que se quiere convertir comiendo. Y es que esa comida de día festivo nos dio para mucho.

Aunque Alma no se enteraba demasiado de lo que hablábamos —era muy pequeña—, quiso participar con su lenguaje al puro estilo indio característico de los primeros años y dijo algo así como «el niño come con la boca abierta, malo, y también Robert porque pega es malo».

Su inesperada declaración me abrió la puerta para tratar de otro de los grandes conflictos de la humanidad: quiénes son malos y quiénes buenos.

En realidad, Alma, la gente no es mala ni es buena. Las personas hacen cosas que están bien y cosas que están mal.

Hijos, dependiendo de lo que escojáis hacer, os iréis convirtiendo en unas personas o en otras, es una elección. Como todo en la vida, eres lo que practicas. ¿Os acordáis de la película que vimos donde un niño no sabía muy bien qué deseaba ser de mayor y descubrió que quería ser actor? Para él era muy importante estar en una escuela de interpretación, y cuando entró en una, al principio se equivocaba en sus representaciones, pero luego practicó y practicó hasta que fue un gran actor tal y como quería ser. Pues el mal y el bien es lo mismo más o menos, existen las dos alternativas, a veces haréis cosas que no están bien, pero si lo que queréis es ser buenas personas, entonces tendréis que practicar mucho esa opción.

¿Qué es lo que nos motiva a ser las personas que queremos ser? Sencilla respuesta: esos principios que defendemos de forma consistente a golpe de decisión. Evaluamos lo que hacen los otros —mal o bien— y lo que hemos hecho nosotros —mal o bien— de acuerdo con nuestros valores/principios y lo que nos es relevante en la vida.

Ya hemos visto que tener una emoción nos lleva a una acción. Esta acción está sujeta a una decisión previa que hemos tomado, y siempre siempre siempre, con una decisión se sostiene un valor, y así reforzamos la ética personal. El truco aquí es ser conscientes y reconocer qué valores en realidad defendemos con nuestros actos. Si hacemos este ejercicio, nos daremos cuenta de que muchas veces las decisiones que tomamos nos alejan de ser las personas que queremos ser y de los valores que aparentemente defendemos.

Yo, que como he dicho defiendo mucho el valor de la educación temprana, puedo enumerar unas cuantas situaciones donde en vez de jugar con mis hijos y entretenerles, por ejemplo, en un avión, me he dejado llevar porque usen las pantallas y así controlaba mejor la situación, además de complacer a mi pereza.

El valor de la educación temprana es un principio para mí importante, pero lo quebranto en ese momento que le doy la pantalla a mi hijo, haciendo un cambio de principio en mi escala de valores y sosteniendo el valor de la pereza en el lugar más alto. Ahí mi ética se debilita. De todas formas, lo bueno de esto es que siempre y cada día tenemos la oportunidad de volver a hacer las cosas bien, rectificar y escuchar los verdaderos valores que nos grita nuestra conciencia.

No hay nada como ser madre para que te pongan a prueba como ser humano. El valor de la tolerancia, la compasión y la empatía también los he mandado al carajo muchas veces reaccionando con un par de gritos, dejando ver a la impaciencia o la desidia como los valores más altos, pero he de reconocer que he mejorado mucho. Cada vez grito menos y negocio más, llegando a acuerdos y manejando todo este ovillo de comportamientos impulsivos. De eso se trata, de ir ganándole terreno a los altos valores y eliminando los dañinos y corruptos.

Cuando hacemos algo, la voz interna nos expía y nos susurra si hemos actuado bien o mal bajo los principios que custodiamos, independientemente de lo que queramos aparentar no somos capaces de parar la voz de nuestra conciencia. Si sabemos que no hemos actuado bien, hay sentimiento de culpa. En ese momento debemos analizar dónde está el choque de los valores con respecto a nuestras acciones, recolocar nuestra ética, perdonarnos y procurar no hacerlo más.

En cualquier rincón del cerebro va a sonar el eco de vuestra conciencia. La palabra interna es un acuerdo para siempre con vosotros y para vosotros. Es un intercambio con vosotros mismos y la creencia en que sois buenos. Es como un estado en el que habéis creado algo y del que sois los autores. Romperlo sería burlaros de vosotros y os bajaría la autoestima.

El foco del aprendizaje está en detectar nuestros valores importantes en el andamio emocional antes de decidir. Está demostrado que hay una serie de principios comunes que todos los seres compartimos en cuanto a nuestros juicios morales.

Yo no conozco a nadie que quiera ser mala persona, todos queremos siempre dar lo mejor y ser recordados como buena gente. Nuestra voz interna —esa ética— nos dirige de manera innata y natural a obrar desde el bien como estado base. Sin embargo, erramos y vamos en contra de nosotros quebrantado nuestros principios de forma muy frecuente, algunas veces conscientemente y otras veces sin darnos tanta cuenta en el momento, pero sí después.

Desintegrarnos como hemos visto es algo que mientras obtenemos conocimiento de nosotros y del mundo es justificable. Si nos agarramos a la idea de que ir creciendo es ir acumulando opciones, conocimiento, probando, equivocándonos y rectificando, las incongruencias y los fallos entran dentro de un margen de error aceptable. Vuelvo a insistir que en la vida llegar a ser la persona que queremos ser es gradual y un proceso muchas veces de ida y vuelta. Ensayo y error.

El aprendizaje y ser conscientes de él será clave para no retroceder y no tropezar de nuevo con la misma piedra, porque nos cansamos de tropezar con la misma, sí, pero hay que tener en cuenta que la piedra también se cansa de nosotros y de que tropecemos siempre con ella. En realidad, lo único bueno que tiene tropezar la segunda vez es que nos brinda la oportunidad de entender que la piedra no tiene ni culpa ni responsabilidad de nuestro percance.

Después de una caída siempre tendremos la opción de crear la circunstancia para que las cosas que no queremos no vuelvan a pasar.

La ética y la moral nos permiten tener la capacidad de obtener los recursos para ser las personas que queremos llegar a ser y pasar de estar donde estamos a estar donde queremos llegar, con integridad. Lo que es importante para nosotros está conectado a una creencia.

Las creencias nos conectan a su vez con una emoción, y estas, como ya hemos visto, nos empujan a la acción, a tomar decisiones y actuar. Y en este proceso tan orquestado también sufrimos de programaciones y asociaciones, sufrimos de miedos y de impulsividad, de respuestas reactivas y de formas irracionales, de tomar decisiones que no están atadas a un principio, sino a reglas y costumbres. Toda ira es un conflicto de valores. Elegir la opción de ser buena persona ante una situación nos hace sostener el valor de la bondad, pero si en esa misma circunstancia optamos por pensar con ego y exclusivamente en nuestro beneficio, sin evaluar qué es lo correcto en función de lo que es mejor para todos, estaremos sosteniendo el valor del egoísmo.

Un niño al que le inculcamos la solidaridad y la generosidad desde pequeño, seguramente cuando tenga su helado favorito o su bolsa de caramelos favorita y le pidamos que comparta le costará mucho y se va a resistir, será cuestión de ir redirigiéndole a que lo haga y que sea consciente de que compartir es bueno porque crea valor y potencial humano.

Hijos míos, tendréis que tomar muchas decisiones en vuestra vida. Recordad que siempre que toméis una lo estaréis haciendo en función de lo que sea importante para vosotros. Esto me empuja a pensar ahora en que ojalá estéis siendo conscientes de las elecciones que estéis tomando cada día.

Somos la suma total de nuestras decisiones, no la suma de nuestras fantasías o deseos. Las fantasías del futuro nos proyectan, nos sentimos motivados a ello, pero lo que evalúa nuestro comportamiento son las elecciones visibles.

Todo el mundo quiere actuar generosamente y con bondad, queremos construir una escala de valores donde el respeto, la honestidad, el amor, la justicia y la libertad sean nuestros principios ante la vida. Sin embargo, a lo largo del día, si examinamos las decisiones que tomamos, nos daremos cuenta de que nuestro comportamiento sostiene valores muy débiles como el confort, la mentira, la intolerancia o el rechazo. Si amamos la comodidad o el placer por encima de todo, estaremos en el nivel más bajo de moralidad porque nos movemos solo por el cuerpo y la carne.

Los valores bajos de confort, ostentación o el placer están muy de moda, al igual que el dinero, que se mueve siempre entre los primeros puestos de la escala de valores. Y es que el dinero es importante en la medida en que afecta a lo que sí lo es. El dinero afecta a la atención médica, al nivel de educación, a la comida que consumimos, nos da acceso a cosas esenciales en nuestro estilo de vida y bienestar. Pero cuando tenemos el valor del dinero como un principio controlador, significa que nos creemos deficientes si no lo tenemos o no lo tenemos en las cantidades en que otros lo tienen. Se puede tener mucho y, aun así, ser pobre.

El dinero se gana con esfuerzo, y es legítimo tener mucho si nos lo hemos ganado honestamente. De hecho, cuando viene del esfuerzo profundo solemos invertirlo y no malgastarlo. Esto es sostener el valor del dinero con integridad.

Nos llenamos la boca al definirnos como leales y fieles y en el momento donde tenemos que tomar la decisión que va a definir nuestra identidad elegimos mentir y ser desleales, sosteniendo así el valor de la mentira en vez del valor del respeto. Si queremos ser respetuosos, si queremos ser honestos, si queremos ser amorosos, debemos sostener ese principio en todas las ocasiones que se nos presente la oportunidad de serlo. Solo así nuestra ética y moral estarán a la altura de lo que presumimos que somos.

La ética es ser consistente con nuestros principios, es el resultado de nuestras acciones. Es medible y dinámica, se puede ir alcanzando un nivel de ética cada vez más alto o más bajo. La persistencia en aquello que nos construye, ya sea malo o bueno, se volverá un hábito. Creamos nuestros hábitos hasta que nos crean a nosotros. Debemos entender las causas y las consecuencias de las decisiones que tomamos, para edificarnos sólidamente como personas.

Para saber si una cosa que hemos hecho está mal o bien debemos saber primero por qué la hemos hecho, cuál es el valor que hemos sostenido al hacerla, la motivación y la intención. A veces las personas hacemos las cosas mal o no del todo bien por desconocimiento, egoísmo, dejadez, aunque en ocasiones es por pura maldad.

La maldad se produce cuando alguien tiene la intención de destruir valor, y mucho que ver con la ignorancia.

Hay individuos que utilizan la estrategia de la supresión para sentirse bien, es decir, su motivación es poner a la otra persona en un lugar inválido o débil. Su éxito depende de suprimir al otro. Esto corresponde a un ser con un estado base muy pobre y miserable. Un ejemplo sería la gente que hace *bullying*. Aunque se suele relacionar con comportamientos infantiles o juveniles, también se comete *bullying* entre adultos. De hecho, muchos niños repiten estas conductas vistas u oídas en casa en otros contextos.

Comeos los libros, la cultura y el arte, comeos la vida a bocaditos cuando disfrutéis y a mordiscos cuando lloréis.

Ya huele a primavera. El cielo de Madrid no es muy dado a enseñar sus estrellas, pero esta noche se dejan ver. Me pregunto en qué lugar exacto estarán las dos que tenéis con vuestro nombre y de repente os identifico con dos que manchan el cielo con una luz especial.

Mirar al cielo siempre reconforta. Veros felices también. Tenéis una estrella cada uno con vuestro nombre, canciones dedicadas a vosotros y ahora... un libro para los dos. Estáis rodeados de amor.

Os quiero, mis pequeños.

7
AMOR, FAMILIA Y AMISTAD

En mitad de la creación se preservó el amor en uno de los rincones más profundos de nuestro ser. Un tesoro que solo aquellos que se atrevieran a bucear internamente, lo encontrarían.

Raquel Perera

El amor es nuestro estado base, es esa sede o fortaleza que constituye el núcleo principal de la vida. A pesar de que salgamos fuera y nos alejemos de él, o incluso sintamos por momentos que le hemos perdido de vista, siempre tenderemos a querer regresar a su lado, volver a sentirlo, celebrarlo y defenderlo. Vamos a querer correr hacia él, reconocernos en él y forrar cada célula de nuestro cuerpo con él.

Dylan, Alma, espero y deseo que trabajéis duro para que sea tanto vuestra entidad como vuestra identidad. El concepto del amor es amplio y complejo, porque en relación con todo lo que venimos hablando, es el principio más alto que existe. Es el que encierra más valores nobles, justos, honestos y honorables.

El amor es muy importante tanto en la supervivencia como en el bienestar de la humanidad. Nos integra y construye valor. Tiene que ver con ese deseo de búsqueda del conocimiento, la felicidad y contemplar la verdad y el equilibrio que hay entre el «yo» interno y el resto del mundo. Es una potente habilidad, una gran herramienta y un excelente recurso para nutrir la vida de sentido y propósito.

El amor no es solo un sentimiento, es una decisión.
No es solo algo que experimentamos,
sino algo que elegimos practicar.

Me repito mucho, lo sé, soy pesada en reiterar la importancia en temas como que somos individuos únicos con capacidad para pensar, necesidad de aprender y libertad para decidir. Y lo que nos ayudará a manifestar todo eso será tener pensamiento crítico, tener siempre opciones y saber tomar la decisión más correcta y constructiva en función de lo que queremos llegar a ser.

Cuanto más amor incluyan las decisiones que tomemos, más correctas serán y más éxito personal desarrollaremos. Elegir vivir en el amor es lo que nos forma como buenas personas. A la hora de tomar decisiones o resolver problemas hay que saber las características de las opciones y evaluarlas todas de la manera más racional y menos emocional.

Nuestra habilidad de percepción determina nuestra conciencia. Cuando examinamos las opciones, cada una nos lleva a un lado, la elección depende de nuestro objetivo: o nos acerca más a nosotros, es decir, nos lleva a ser las personas que queremos —la opción más eficiente— o nos aleja de nosotros y de lo que queremos ser —la opción menos eficiente—.

Siempre podremos observar la cantidad de amor que hay entre las diferentes alternativas que contamos para resolver ese conflicto, y poder así decidir, finalmente, cuál escoger. Cuando hacemos algo con amor, se nos ilumina la vida, la cara y el corazón.

Una cosa es hacer una acción con amor y otra por amor a alguien —incluyendo el amor por nosotros—. Hacer las cosas por amor a alguien implica cierto sacrificio y riesgo que muchas veces no estamos dispuestos a asumir y, además, exige un esfuerzo en evaluación y análisis de nuestro sistema ético para determinar si en realidad queremos o no hacerlo en función de nuestros valores. En este sentido algunas veces hacerlas por amor va a traer dolor o incomodidad —sobre todo en el marco del amor romántico—. Sin embargo, hacerlas con amor no lleva apenas sacrificio ni riesgo, sino actitud y voluntad, porque depende de nosotros vestirnos cada mañana con el amor que llevamos dentro y desfilar con él por la vida con esa disposición amorosa que se convertirá casi siempre en una codiciada actitud vencedora. En ambos casos, decidir apostar por el principio del amor como uno de los más importantes valores de comportamiento nunca será un error. Todo en la vida son decisiones. Decidir caminar con el amor de la mano es una elección tan valiente como acertada.

Podemos hacer con amor absolutamente todo desde que nos levantamos. Desde que suena el despertador estamos tomando decisiones sin parar. La mayoría de ellas están automatizadas, son irracionales y nada conscientes —levantarnos, ducharnos, lavarnos los dientes...—. En nuestra agitada vida convivimos con decisiones rutinarias que convertimos en hábitos y que, aunque no siempre son agradables para nosotros, sabemos que nos aportan bienestar y prometen estabilidad y orden.

Cada vez que os dispongáis a hacer eso que no os gusta mucho, pero que es bueno para vosotros, metedle una buena cantidad de amor y veréis cómo cambia vuestro estado y actitud durante esa tarea.

Cuesta el mismo esfuerzo hacer las cosas con amor que sin él, sin embargo, los beneficios de hacerlo con amor serán significativamente mucho más sustanciosos.

Mi admirado Borja Villaseca, entre todas las ideas que vuelca en su exitoso y valorado recorrido sobre crecimiento personal, dice que quizás el amor sea la palabra más maltratada de la historia. Estoy de acuerdo. Y es que el amor, a pesar de ser uno de los conceptos de los que más se habla y uno de los más estudiados, sigue siendo el menos entendido y el causante de muchos desequilibrios en la vida.

Hay quienes lo reducen a un componente puramente químico. Y es que el amor libera dopamina, serotonina y oxitocina, neurotransmisores encargados de hacernos sentir grandes niveles de satisfacción y felicidad. Pero a pesar de las múltiples definiciones que se hacen de él, el amor es en cualquier parte del mundo uno de los principios más perseguidos por los seres humanos, cuya intención es la de elevarlo a los niveles más altos y más profundos de nuestra existencia.

Además del concepto del amor como principio, existen otras categorías con dimensiones menos existenciales y más sentimentales de las que hablaré ahora, pero quiero dejar patente a que sea el amor como valor ético y de comportamiento el que más presente tengamos en la vida. Aunque pasemos largas temporadas explorando el resto de formas de amar, tengamos siempre a mano el principio del amor universal.

Hasta ahora os he hablado de la autoestima y el amor propio que, aunque se relacionan, no son exactamente lo mismo.

La autoestima como vimos se nutre del valor que le deis a las diferentes dimensiones de la vida y se moverá en altos y bajos niveles dependiendo del manejo que tengáis de vuestras habilidades y de la cantidad de opciones que seáis capaces de convertir en resultado exitoso a fuerza siempre de esfuerzo y trabajo.

Muchas veces no queremos practicar lo que queremos ser, simplemente queremos serlo sin ensayarlo, sin compromiso al propósito, y eso no es posible. Queremos comer y no engordar, no hacer deporte y estar fuertes, fumar y estar sanos, no ocuparnos de las personas a las que queremos y que estén ahí para nosotros.

La habilidad para comprometerse con intención es un músculo que debemos ejercitar. Cuantas más dificultades atravesemos, más fuerte será el amor hacia uno mismo.

El amor propio abarca la aceptación incondicional de nuestro ser. No depende de lo que hacemos, simplemente nos amamos por el simple hecho de tener conciencia de nosotros. El amor propio ayuda a que la autoestima se mueva en niveles óptimos de comportamiento. Cuanto más nos amemos, mayor amor propio administraremos.

Ante circunstancias donde se pone en juego la reputación o el honor debemos ser muy refinados y minuciosos para no confundir el valor del amor propio con el valor del ego. Porque en ocasiones a la hora de responder ante una situación la línea que separa el amor propio del orgullo es muy fina. Con el primero siempre responderemos desde el buen concepto de nosotros mismos, de nuestros logros y de nuestra integridad. Este nunca da lugar a responder desde los atributos del orgullo como son la soberbia, la inflexibilidad o la arrogancia. Pero si nos sentimos a gusto tal y como somos, si tenemos una relación saludable con nosotros, si somos capaces de vernos amorosamente en cualquier circunstancia —es decir, si nos queremos sin condiciones—, entonces nos sentiremos merecedores de todo lo bueno. Y ejerciendo esta milagrosa facultad de crear, haremos que nuestra vida refleje la plenitud, el bienestar y el amor que desarrollamos primero en nuestro mundo interior. Este amor también lo desarrollamos en el mundo exterior, sintiendo esta emoción hacia otros seres humanos, ya sea hacia familiares, amigos, trabajo, naturaleza, animales, etc. Pero probablemente es el amor romántico el que más presente está en nuestra cultura. Todas las artes desde la pintura al cine han representado el amor romántico, que es el que conocemos como el amor hacia la pareja, del cual no podré evitar hablaros sin conectarme a lo vivido con él en mi propia piel y a lo aprendido y obtenido gracias a él y a pesar de él.

La capacidad de amar se va construyendo, como todo lo comentado en este libro, de forma gradual desde que nacemos hasta que morimos. Y también está influenciada por el entorno familiar, la educación, la cultura y, finalmente y muy importante, por la experiencia, porque de las cosas que más impacta es lo que hayamos vivido.

La capacidad de amar influye y mucho
en nuestros niveles de felicidad y empieza en el hogar.

Uno de los grandes descubrimientos en la psicología moderna ha sido precisamente identificar las indudables repercusiones que tiene para la vida del adulto lo que haya vivido en su entorno familiar inicial. Hay evidencia de que los niños que en sus primeros años han crecido con el amor y protección de sus padres, sintiendo el calor de los besos y los abrazos, así como de innumerables «te quieros», crecen más seguros y con mayor autoestima y tienen una mayor predisposición para ir aumentando ambos rasgos de carácter en los entornos que siguen al familiar, es decir, en el de la escuela, en el de las primeras relaciones sociales —amigos— y posteriormente en el profesional y de pareja.

Empezasteis a recibir verdaderos matices de lo que es el amor antes incluso de nacer. Nunca olvidéis que la artesanía que os elaboró vino del amor más puro y verdadero. El gozo y la felicidad que sentíamos papá y yo al enterarnos de vuestra llegada atravesaban mi vientre de forma constante durante los nueve interminables meses de embarazo. Experimentar el quereros de manera infinita y esperaros con ilimitado amor mientras que os hacíais vida dentro de mí era otra forma de gestación. Al mismo tiempo que se doblaban las hojas del calendario en esos nueve meses, os pensábamos, os imaginábamos, os dibujábamos en nuestra mente, os bendecíamos.

Hace falta mucho descaro para no haber nacido y dirigir de modo tan vigoroso nuestros pensamientos. Así que, si sentís que yo os dirijo los vuestros un poco ahora, es porque os lo debía.

Llegasteis como las más bellas de las partituras, repletos de sorprendentes composiciones musicales por descubrir. Más que los creadores, parecíamos los anfitriones, todo se movía según vuestros deseos. Erais nuestros pequeños anarquistas sin teoría. Desconocíais vuestra fragilidad, erais más bien la nuestra.

Dicen que las madres alumbramos a los hijos, les damos «a luz», pero el retorno de luz que dais vosotros no tiene comparación alguna. Dar y tomar amor, de esto trata la vida.

Vuestra capacidad de amar se desarrollaba velozmente con nuestras motivadas aportaciones, y la arrebatadora manera de mostrarnos la cantidad del amor hacía que la nuestra la empezáramos a concebir de una forma inmensa con la correspondiente pérdida total de sus límites.

Nos conocimos sin presentaciones formales, solo la del amor. Él fue quien nos presentó y quien permitía que coleccionáramos memorias ligadas a él. Vuestras miradas limpias y nada oxidadas, vuestros saltos y bailes en nuestra cama antes de dormir, la solicitud de vuestros brazos pidiendo achuchones y cosquillas, la magia de vuestras sonrisas, el efecto alertado de vuestro llanto. Como niños que sois todavía, seguís conservando esa sabia desnudez en el amor, la misma que nos deja a nosotros a la intemperie, sin techo donde resguardar nuestro engreimiento y vanidad.

Cada vez que lloráis se siguen quebrando los cristales de nuestros miedos, da igual la edad que tengáis, también cuando reís se recomponen los vidrios rotos de nuestros corazones. En ambos casos, el mecanismo es sencillo y el efecto inmediato. Os seguimos mirando con el deseo de que el tiempo no transcurra, de que no crezcáis rápido y de que nosotros no envejezcamos. Una ilusión tan bonita como imposible.

Hemos venido caminando juntos de la mano, apretando las vuestras con la fuerza justa y la más que suficiente seguridad, pero el paso de los años y la inevitable evolución hace que soltemos una para que podáis con ella empezar poco a poco a cavar profundo en vuestro interior.

No queremos soltaros nunca, pero al mismo tiempo sentimos orgullo de padres al ver cómo os hacéis pronombre, personas aparte, individuales. Aunque cierto es que siempre pasearemos por las orillas de vuestras necesidades —principalmente las afectivas—. Os rescato todos estos momentos porque quiero que os mantengáis unidos a un recuerdo que quizás no es tan nítido como os gustaría. Porque hay memorias que se van desprendiendo, pero no las emociones que las provocaron y que guarda en secreto el subconsciente.

Tenéis marcadas vuestras palmas de los pies con el sentimiento de hogar, de la armonía y de la seguridad que da la protección. Y a pesar de los cambios que ha sufrido nuestra estructura familiar, el sentido de familia del que papá y yo siempre os hemos hablado, permanecerá inquebrantable.

Gozáis de un presente que sigue dando el fruto de una familia unida a la que no le afecta las separaciones de ningún tipo. Habéis comprobado cómo una separación no siempre se contagia de desconexión. Nos hemos ocupado en mantener siempre la familia unida a pesar de las complicaciones que han podido surgir por la singularidad de la misma. La familia, cuando ha sido semilla esencial para crecer, siempre va a tener un peso notable en el concepto del amor.

Ya he trasmitido lo importante que han sido y siguen siendo mis padres en mi vida. Igual que no puedo dejar de nombrar a mi familia Navalón —parte de madre— y mi familia Perera —parte de padre— al completo. Estamos repletos de anécdotas juntos, donde las poleas del amor han podido con todo. Y, claro, no me olvido de mis hermanos. Ellos son también piedra angular en mi capacidad de amar.

Con mi hermana Sandra —registrada en realidad como Alejandra— me separan catorce meses. Nuestro crecimiento fue a la par, aunque las personalidades iban en sentidos contrarios. Dio los pasos marcados por un estereotipo de vida concreto y subjetivamente correcto. Se enamoró joven, se casó a la primera con un rubio de buena planta y corazón. Cefe ha sido también como un hermano para mí. A veces el hermano mayor que no quieres tener y otras veces el hermano cómplice que deseas que no desaparezca.

Sandra era feliz en su casa, donde el orden y el amor por el hogar primaban. Me hizo tía por primera vez. El día que nació mi sobrino Alejandro fue uno de los más bonitos que recuerdo. Mi hermana me ha enseñado a caminar en línea recta y yo he procurado que trazara alguna improvisada curva en su vida. Una aportación por cada una de nosotras que posiblemente era tan necesaria como incómoda. No siempre hemos estado juntas, pero siempre hemos estado unidas. Su capacidad de protección y de cuidados no conocen los límites, podría llamarla mamá perfectamente. Cuando yo era más pequeña no valoré lo suficiente todo lo que hacía por mí, afortunadamente he podido recuperar la conciencia perdida y ahora es una de las mujeres que más admiro y amo.

Dieguito fue el tercero en llegar, el pequeño, el mimado, el varón deseado. A pesar de que nos separan seis años, siempre me llamó la atención su mundo. Me encantaba ayudarle a hacer los legos y me entretenía mucho con un *parking* de juguete que tenía repleto de coches de colección. Hubo un período donde su vida adolescente y mi estrenada vida adulta nos hicieron mirarnos deprisa, pero nunca nos faltaron nuestros ratos de risas y abrazos, nunca nos faltó la seguridad de contar con el apoyo mutuo. Y así sigue siendo. Es un personaje lleno de rincones preciosos. Supo derrapar en el instante adecuado y luego elegir de forma voluntaria el compromiso de lograr ser la persona que quiere.

Se mudó a Miami y tuvimos la gran oportunidad de pasar muchos momentos juntos, además mis hijos tuvieron la suerte de crecer durante unos años al lado de sus primos, Hugo y Sara, y apiñar esos recuerdos que permanecen para siempre. Carolina, su mujer, es una fiel compañera de viaje y ahora luchan sin cesar por su sueño americano. Estoy muy orgullosa de él.

Estar con mis padres y mis hermanos es un indiscutible chute de vida. No ha estado exento de algunos desencuentros y estúpidos enfados. Nada que no haya podido reconducir casi de forma inmediata el amor que nos tenemos. No he conseguido estar más de un día enfadada con ninguno de ellos. Cuando estamos los cinco bajo el mismo techo, las horas se disfrazan de fiesta. Es una enorme bendición que cada día valoro más aún.

Vuelvo a vosotros, hijos. No os olvidéis de valorar la familia que tenéis. El lazo que os une a los cuatro hermanos es muy importante en la vida, si os lo proponéis, seréis esos amigos que siempre están ahí.

El amor que os tenéis es el más leal y fiel. Manteneos siempre cerca, aunque estéis físicamente lejos, para el amor no hay distancia. Haber tenido el gozo de vivir bajo un hogar con amor va a colaborar también en que tengáis un mundo interno sólido y fuerte que os ayudará a encontrar el estado de felicidad desde vosotros mismos.

Durante la infancia de los hijos los padres nos volcamos en que el mundo sea lo más perfecto posible, hacemos todo lo que sea necesario para darles el mayor bienestar y la mayor felicidad, sin caer en la cuenta de que quizás les estamos trasladando un mensaje erróneo donde la felicidad viene del mundo exterior, y cuando llega la hora de salir fuera del hogar, la realidad les puede explotar como una bomba devastadora frente ellos.

La protección es un escudo de doble filo: por un lado nos mantiene más a salvo, por otro nos invita a alejarnos de la realidad de la vida y del dolor.

Contaré algo que sé por experiencia propia. Cuando has estado rodeada de amor en tu infancia y empiezan a llegar las relaciones interpersonales fuera del núcleo familiar, se lleva innata un ansia de conquista del amor del resto del mundo, con un ánimo inagotable de seguir explorando relaciones iluminadas con amor. Aunque esto significara también encontrarse con la decepción, porque crees que todo lo que te han querido en casa es justamente lo que te van a querer fuera. Siento confesar que esto no siempre será así. Pero no pasa nada, porque si cultivamos el amor en nosotros mismos y entendemos que el mundo exterior no es como esperamos, la decepción será menor y lo transformaremos en aceptación, recolocando nuestro enfoque en todas esas personas que sí nos van a querer y mucho, y por si fuera poco, además, el amor propio siempre nos dará la oportunidad de tener un sitio donde volver a sentirnos amados, ese lugar somos nosotros mismos.

Hijos míos, si os esforzáis en conocer y saber cómo aplicar las leyes del amor, los resultados serán más predecibles y menos decepcionantes. Confío en que tendréis muchas herramientas para manejarlo extraordinariamente bien.

Mi «yo» adolescente estaba carente de herramientas suficientes y desbordado por el amor ejemplar de mis padres, y la primera vez que me sentí desengañada en cuanto al amor, me fui directa a mi padre y le regañé por enseñarme junto con la abuela una forma de amar que era muy difícil de encontrar fuera del jardín donde me criaron.

La única forma de amor que conocí en mi infancia fue que los demás me iban a querer tanto como me estaban queriendo mis padres, y que en mi vida iba a tener siempre el mismo reconocimiento y protección. Ellos, como casi todos los padres que viven la paternidad de forma presente, me dieron lo que consideraban que era necesario para crecer sana, segura y feliz. Y lo lograron. Crecí rodeada de todo eso, pero lo que después sentí, proyecté e imaginé que pasaría fuera del núcleo familiar no siempre se asemejó a cómo lo sentí, proyecté e imaginé originalmente.

La naturaleza de la vida no tiene expectativas de cómo deben ser las cosas. Nosotros somos los que creamos las expectativas.

Desde que somos pequeños jugamos a la predictibilidad, proyectamos al futuro en función de la experiencia. No es fácil soltar las expectativas. Está dentro del ejercicio de seguir rompiendo programaciones. Exige grandes dosis de inteligencia que yo, hoy por hoy, lucho por poseer. Eso sí, no dejo de intentar controlarlas. Cuando uno va con las expectativas controladas, hay mucho más margen de sorpresa y admiración y menos desilusión.

Reconocedlas cuando aparezcan y haced de ellas un arma poderosa para quereros más. Nunca dejéis que el fallo de alguien o de algo con respecto a vosotros os arañe la integridad. El amor es un gran mediador en los momentos malos.

Esto está muy relacionado con lo hablado anteriormente sobre las creencias. Empezamos también a construir creencia sobre el amor desde pequeños, porque si bien me hice adulta con la creencia de que iba a recibir el mismo amor que me dieron en casa, también lo hice con la enseñanza de que yo puedo amar y querer mucho a los demás fuera de las fronteras del hogar.

Los ladrillos del amor con los amigos forman parte de una de las estructuras más importantes que vamos a construir. El amor de la amistad nace de una pureza vacía de prejuicios y libre de escudos. Quizás con la amistad se afianza el concepto de confianza que ya hemos adquirido y estrenado solo en nuestro foro familiar.

Con las amistades se pone a prueba por primera vez todo lo heredado, y al mismo tiempo elaboramos nuevos caminos de afecto. Con los amigos experimentamos la profundidad de las uniones afectivas, vividas como irrepetibles, de algún modo también magnificadas. Nuestros mejores amigos en la infancia se convierten en proyectos de amistad eternos y el amor que nos procesamos mutuamente nos convierte en inmortales de la amistad. Son los que nos ayudan a refinar nuestro proceso de amar. Es una forma de ir entrenándonos para el amor romántico que llegará después.

No siempre se van a mantener las amistades que hacemos de pequeños, es algo absolutamente lógico y normal. Cuando somos muy niños es más común que cualquiera pueda ser nuestro amigo, ya que tenemos un incompleto conocimiento de nosotros mismos, de lo que nos gusta y de nuestros rasgos de personalidad, puesto que están en permanente cambio y evolución. A medida que crecemos iremos descubriendo nuestras afinidades con la gente.

La agrupación de varios factores serán los que nos lleven a unirnos más a unas personas que a otras, pero, sobre todo un mayor número de valores y gustos compartidos, es decir, haremos amistad con las que establezcamos una mayor compatibilidad de caracteres.

Una de las fases clave para establecer lazos de amistad es la adolescencia. Esa etapa, formada por manojos de hormonas inquietas y sobrexcitadas, casi siempre complicada y turbulenta, se va a determinar en gran medida por el entorno de amigos que tengamos, y será un paso firme, aunque no definitivo, hacia el camino futuro de nuestra identidad. Aparecerán las primeras cuestiones a modelos aprendidos hasta entonces en el ámbito familiar, comparándolos con los que percibamos en nuestros amigos y compañeros, y que son susceptibles de acabar dando un vuelco al sistema de creencias hasta entonces aprendido. Aparecen también aspectos que harán tambalear nuestra aún moldeable personalidad y agitarán la sólida autoestima y seguridad que tengamos. Por ejemplo, la necesidad de pertenencia a un grupo en esas edades —características casi siempre idealizadas— se colocará en la *pole position* de las prioridades, difuminando en muchos casos nuestra propia singularidad. Querremos ser y parecernos a otros, sorteando ordinariamente nuestro carácter más inédito y original.

La influencia de la sociedad, en general, y de los amigos, en particular, se topará con frecuencia con la búsqueda de nuestro «yo» más auténtico, nuestra vida en esa etapa pasará por hacer verdaderos esfuerzos en reconocer y colocar toda la confusión de emociones, sentimientos, ideales y contradicciones. Se convierte en un buen momento para ejercitar la resistencia del temperamento y no dejarnos llevar por el influjo de lo externo.

Con los primeros amigos también empezaremos a experimentar sentimientos de inocente traición, vacío o engaños, fundamentalmente basados en el interés individual y la rivalidad, nada comparado a lo que podremos sentir más adelante, aunque su dolor se perciba de la misma manera. El dolor que se siente cuando un amigo no nos elige para estar en su equipo de fútbol o nos hace burla es el mismo que cuando después, ya de mayores, no nos llama para salir, descubrimos que nos ha engañado o nos quiere por interés.

La ausencia de algunas personas en los callejones estrechos de mi vida me hizo darme cuenta de que nunca debieron ocupar espacio en los grandes bulevares de mi corazón.

Vosotros también iréis lidiando con las realidades que en casa no podéis apreciar porque, simplemente, no existen.

Debo reconocer que la vida me ha puesto en el camino personas que se han convertido en amigos por derecho. Amelia Magaña, Cristina de Vera o Marta López son de todas mis compañeras del Colegio Montpellier a las que saludo cariñosamente desde aquí, con las que descubrí de forma más intensa el fascinante recorrido que hay de niña a mujer. Después pasé a compartir con una divertida pandilla improvisados viajes y originales planes en esa etapa en la que uno solo piensa en pasarlo bien. Agradezco haber caminado ese tramo de mi vida especialmente con Belén Pombo y Alonso C. con los que la mezcla de la cordura y la locura resultaba ser siempre un plato muy apetitoso. Pero si hay una amistad que conservo desde la infancia es la de Juanín —Juan Montagut— y Esther España, mis dos amigos más veteranos, testigos de mi vida que hoy siguen siendo totems indestructibles.

Pero, además, la vida me ha regalado personas que, aunque se hayan incorporado en mi edad adulta, ocupan un lugar preferente en la azotea de mis tesoros. Personas regalo y vitamina que han estado conmigo en los momentos más buenos y también en los peores, dando la cara por mí y un cariño que yo no conseguía darme a mí misma. Aprovecho el momento para besaros y daros unas gracias infinitas. Vosotros sabéis quiénes sois, pero no quiero dejar de aludir a Diana F., Mariola

O., Sara C., José María M., Rocío E., Raquel L., Marta G., Santi C., Jaume I., Soledad R., Jorge A., Vanesa M., Elena T., Emi, Tamara G., Luli (Lucía H.), Rocío R., mi querídisimo Pato (M. G. D.) y Fran G.d.P. Y, por supuesto, a la familia que dejé en Miami: Naty y Maher, Ruth, Giselle, Cristina... Y mi última y no menos cuantiosa importación de amor, mi ramillete mallorquín que ha aparecido en mi vida como esas olas que te mecen entre la diversión más incontrolable y el cariño más sereno y sincero. Os beso a todos desde estas líneas, mi *full equipe* pro —soy mujer de palabra, querido Lázaro—.

Hay personas que llegan a nuestra vida para tocarla y transformarla para siempre. Eso pasa con los grandes amigos y con los grandes amores.

Agradezco a todos los que han estado a mi lado, aunque no se hayan quedado para siempre, porque a veces para que algo merezca la pena no tiene que ser eterno, simplemente basta con que haya sucedido. Así ya es perfecto.

Descifrar la amistad y el amor nos puede llevar también a descubrir que detrás de esa persona querida y admirada en realidad se esconde un ser verdaderamente desconocido. Si hay algo de alguien que no nos gusta, ya sea en sus formas o en sus fondos, debemos decirlo y dar la opinión honesta de nuestra experiencia con esa persona, porque si no lo hacemos, estaremos aceptando que lo que hace está bien y eso nos puede llevar a una dinámica de esclavitud y dependencia y empezar a crear patrones de destrucción hacia nosotros mismos.

A veces hacer lo correcto trae dolor. Para defender nuestros principios en el amor tendremos que sentir incomodidad en muchas ocasiones y dolerá. La ética del amor va en contra en ocasiones de sentirse bien, pero el amor no se agota.

Cuando tengáis la impresión de que no podéis dar más amor a alguien, en realidad no es que no podáis, es que quizás no debéis darle más a esa persona en concreto. Deberéis tomaros un tiempo para reflexionarlo. Que nadie nunca os obligue a amar y no obliguéis nunca a nadie a que os amen. Las habilidades son un valor y hacerlas obligación devalúa dicho valor.

Hay muchos mitos sobre el amor romántico. Y muchas reglas… reglas que en apariencia nadie ha impuesto ni decidido, pero que empujan a cumplir con lo que se supone que debe ser amar a alguien. En mi opinión es una idea que nos hemos inventado de cómo deberían ser las relaciones de pareja y que están más basadas en la etapa del enamoramiento.

> Es hielo abrasador, es fuego helado,
> es herida que duele y no se siente,
> es un soñado bien, un mal presente,
> es un breve descanso muy cansado.

Es un descuido que nos da cuidado,
un cobarde con nombre de valiente,
un andar solitario entre la gente,
un amar solamente ser amado.

Es una libertad encarcelada,
que dura hasta el postrero paroxismo;
enfermedad que crece si es curada.

Este es el niño Amor, este es su abismo.
¡Mirad cuál amistad tendrá con nada
el que en todo es contrario de sí mismo!

FRANCISCO DE QUEVEDO

Hay quien define el enamoramiento en términos químicos y quienes hacen poesía de él. Yo me quedo con ambas opciones. Los canales por donde se mueve el proceso de enamorarse son los mismos en todas las personas, pero la percepción y la experiencia de cada una hace que sea un estado con una carga de excitación única.

Aún no os ha llegado ese tsunami pasional del enamoramiento. No estoy preparada para eso, así que procuro no pensarlo mucho, aunque soy consciente de que llegará.

No me atrevo, pues, a anticipar lo que vais a sentir con vuestro primer beso, vuestro primer paseo de la mano o la primera vez que se apodere de vosotros esa sensación de ir flotando por el mundo en una pompa de jabón. Será ese compás de un ritmo que después de sentirlo por primera vez posiblemente busquéis sin cesar el resto de la vida.

Tampoco me atrevo a explicaros con detalle la confusión psicológica y existencial que supone enamorarse. Creo que es algo que simplemente tendréis que vivir y experimentar por vosotros mismos. Pero lo que sí me atrevo a lanzaros es que en el amor de pareja hay mucha idealización también, y que no siempre las relaciones son tan eternas, tan perfectas y fáciles como sugieren ciertas películas o novelas románticas.

Nos insisten en arrastrar la idea de que el amor en pareja es vivir en un paraíso constante, cuando en realidad es una jungla de afectos donde proclamarse los reyes de la selva es un desafío permanente. Tan capaces de asirse a lo que aman como de hacerse daño y lesionarse el corazón.

La única manera de descubrirse en el amor es mostrándolo de una forma desacomplejada, valiente y honesta.

Se trata de ir rompiendo el arco que mantiene tensa la cuerda del miedo y el ego. Un desproporcionado tamaño de nuestro ego va a impedir ver la realidad de la relación.

Este último 14 de febrero pregunte a mis hijos mientras íbamos al colegio qué significado tenía ese día para ellos. Con cierta vergüenza y pudor me dijeron que era el día de los enamorados, el de las parejas. Y a continuación les pregunté que qué creían que era una relación de pareja, a lo que Alma contestó:

—Es como el juego de piedra, papel o tijera.

Hija, no tienes ni idea lo bien que lo describiste con esa comparación. Disponeos a vivir el amor con valentía, pero con integridad. Amar sin que haya dictadura en el aire compartido. Algunos postulados incorrectos en el amor romántico sería pensar de esta manera: te querré más cuanto más te adaptes a mis exigencias.

Espero que identifiquéis este tipo tóxico de amor y lo evitéis. Las personas que os quieran siempre van a tener el poder de lastimaros, pero elegirán no hacerlo. Las que os amen serán quienes sepan ver y acariciar esa parte vuestra que tanto tapáis y os ayudarán a transformarla para que podáis ser mejores.

Lamento confirmaros que en el amor no todo son besos y caricias. La comunicación, por ejemplo, es muy importante, y también se negocia y se llega a acuerdos por el buen funcionamiento de la relación.

La piel es importante, sí. Cuando esta se convierte en un delicado cristal que tiembla entre los dos cuerpos siempre es la primera que invita. Paga la piel sí, pero casi siempre cobra el corazón.

El amor y el desamor van unidos con un hilo muy fino. A todos nos toca en alguna ocasión sufrir el desamor, y hay veces que las personas amadas desaparecen, dejando una estela de dolor y una honda sensación de vacío. En esos momentos nos buscaremos por las grandes avenidas del pasado, pero no nos encontraremos porque ya no existe.

En medio de ese desierto las dunas del amor propio, de la bondad y generosidad van a insinuar sus formas. Agarrémonos fuerte ahí. En la soledad de la tristeza, el mundo siempre es mundo, aunque sintamos que somos los únicos habitantes, no es así, porque estarán cerca las personas que más nos quieren.

Si una relación tiene que acabar, procuremos dejar a esa persona con más capacidad de amar que cuando llegó a nuestras vidas.

Agradezcamos, aceptemos y soltemos, aunque sea con el corazón roto. No nos agarremos a esa dependencia emocional con la esperanza de que las cosas sean diferentes, como si de los infortunios del desamor brotaran los milagros. El desamor también es una responsabilidad donde la culpa no tiene ninguna función para la sanación.

El dolor irá caducando a golpe de amor propio, arrancando algunos recuerdos como si fueran malas hierbas que ya han dejado su poso de aprendizaje. Particularmente prefiero el dolor de un desamor que viene de haber sido amado que la ausencia de dolor por no amar.

Lejos de plantar consejos en el amor, solo diré que si trabajamos para tener una buena base de autoconocimiento y una conciencia viva de cómo funciona el mundo, podremos permitirnos hacer casi cualquier locura por amor. Imploraremos en el ser amado complicidad y confianza de la misma manera que una hiedra se lo pide al tronco. También seguridad y reconocimiento, pero si no yacen dentro de nosotros, lo que nos den nunca será suficiente.

Mis primeros besos y mis mariposas en el estómago las sentí con Rubén J. y Alberto M. Con Rubén descubrí el amor por la música en general; con Alberto el gusto por la música en particular, la de Eros Ramazzotti.

Y la primera relación madura me llevó a vivir el amor romántico de una manera absolutamente bella. Federico B. fue mi gran amor de juventud, con él descubrí la complicidad, la confianza, los vínculos, lo mutuo... También los celos y las inseguridades, las cuales se deshacían con sus numerosas muestras en atenciones para mí.

Pero me faltó compromiso y experiencia y me sobraron quizás las ganas de seguir queriendo descubrir el mundo y descubrirme a mí en soledad. Así que un día tocó decir adiós. Aún puedo sentir el portazo que le di a su corazón. Fue la primera vez que me ahogué en los incomprensibles y complejos océanos del amor.

Tenía creencias de significado que le daba a las experiencias pasadas y empecé a cuestionarme la verdadera existencia del amor. Huía del compromiso y al mismo tiempo mascaba sin parar el ejemplo de mis padres. Su modelo como pareja fue demasiado inspirador. Parecía inaccesible. Me hizo tener unas expectativas altas. No se lo reprocho, todo lo contrario. Mi padre me dijo un día:

—No proyectes tanto tener un amor perfecto en tu vida, sino tener una vida llena de amor.

Así que recogí los pedazos de expectativas e intenté hacer con ellas un manojo de inútiles cenizas. La memoria discreta de la herida en el amor hace que una vez curada salgamos a por más.

A pesar de los naufragios me considero afortunada en el amor. Me he sentido muy amada por cada persona que se ha detenido en mí y se ha tomado el tiempo para descubrirme y disfrutarme.

Ricardo S. R. me llevó durante unos años a vivir en un parque de atracciones de sentimientos muy bonitos, aunque también cargados de miedo al compromiso. Y es que a veces todo lo que duele o desvela viene de un lugar desconocido donde hay que ahondar, y cuando vas hasta lo más profundo, siempre terminas volviendo a ti mismo.

Mis ideas sobre el amor se siguieron formando en las constelaciones de los sueños y los deseos, pero ya cada vez más realistas y alejadas de la existencia de ese príncipe que vendría en mitad de la noche a rescatarme de la torre. Dejé de tirar la trenza por el balcón y me dispuse a peinarla como lo hacen las sirenas, esas que reman en la arena si quieren.

Cuando conocí a papá permití, esta vez sí, que las mariposas del estómago viajaran libres por todo mi cuerpo. Sin contemplar los miedos y corazas que más adelante actuarían de perímetro, me coloqué de puntillas, rondando el acantilado que separaba su vida de la mía, y descalza de certezas, pero sujeta al amor, me tiré al vacío.

Verdaderamente salté sin la red del miedo al compromiso. Aunque en aquel momento pareciera un abismo llegar a tenernos con todo, no lo fue. Nos tuvimos y nos quisimos con todo.

Cuando te acercas despacio y con foco a esa persona, cuando las ganas de uno pedalean con las ganas del otro, se produce una simbiosis, una síntesis, un superponerse de destinos. Desde ese lugar todo es posible.

Supimos manejar muy bien durante trece años la difícil tarea de convivir, compartir baño y almohada. Y el día que decidimos separarnos fue doloroso para ambos. Puede que yo me llevara la parte más dura, pero fue triste para los dos. Nos miramos, nos abrazamos fuerte mientras nos hicimos la promesa de que haríamos todo lo posible para que os afectara lo mínimo.

Os juro que hice verdaderos saltos mortales para no alterar vuestros cándidos corazones. Me arranco a jirones la piel solo de contemplar que no pude ponerle todas las puertas al campo y es que como habréis leído ya en este libro, todo lo que no depende exclusivamente de nosotros no lo podemos controlar. A veces las cosas no son lo que parecen y, sin embargo, de tanto parecerlo terminan siéndolo.

Hubo un paréntesis en todo ese proceso que me bajó a los infiernos por un rato. Casi me vuelvo loca, no distinguía la verdad de la mentira, pero afortunadamente he podido ordenar, perdonar y colocar todo aquello en un lugar con buenas vistas. Siempre voy a desear lo mejor para papá. Quiero su felicidad aunque esta no me incluya.

Desde entonces debo reconocer que soy diferente. Ese adiós fue, posiblemente, la muestra de amor más grande que he hecho en mi vida.

Mi travesía con papá ha sido para mí uno de los viajes que más me han construido como mujer y persona. Además de que me dio el mayor regalo: la aventura de ser madre. Vosotros siempre me recordaréis cómo se forma el cuerpo del amor. Nunca lo dudéis.

Una relación de amor como la que viví con papá no acaba, se transforma, porque cambia el contenido, cambia la manera de manifestar el afecto. Fuimos amigos y ese amor que destila la amistad es el que perdurará, y lo más importante: siempre estaremos unidos en procurar ser los mejores padres para vosotros. Podéis cuestionaros todo lo que cuento en este libro, menos esto.

Mientras la noche empuja la ventana de mi paz, el alba se acerca dando pasos pequeños. Algo sucedió conmigo cuando os cruzasteis en mi camino.

Me habéis regalado lo mejor de mi propia vida: la capacidad de amar... con locura.

Suena el despertador, os despierto entre besos y caricias. Os plegáis a mí como cuando erais bebés, buscando el calor que siempre tengo guardado para vosotros. Miraros es como estrenar mis ojos cada día.

Os amo, mis amores.

8

FELICIDAD

ÍTACA

Si vas a emprender viaje rumbo a Ítaca,
pide que tu camino sea largo,
rico en vivencias y en conocimiento.
No temas a Lestrígones ni a Cíclopes,
ni te asuste el airado Posidón:
no hallarás tales seres en tu ruta
si alto es tu pensamiento, si tu espíritu
y tu cuerpo son puros y sensibles.
Nunca hallarás Lestrígones ni Cíclopes,
ni al fiero Posidón, si no los llevas
dentro, muy dentro de tu propia alma,
si no es tu alma quien los trae consigo.

Pide que tu camino sea largo.
Que sean numerosas las mañanas
de verano en que arribes felizmente
a bahías no vistas antes. Párate
en los mercados de Fenicia y compra
delicadas y hermosas mercancías:
madreperla y coral, ámbar y ébano,
mil y un perfumes deliciosos (de estos
compra los más que puedas), y visita
las ciudades de Egipto, sin dejar
de aprender de sus sabios milenarios.
Que Ítaca esté siempre en tu memoria.

Llegar allí es tu meta. Pero no
te des prisa en tu viaje. Que se extienda
durante largos años y tú arribes,
anciano ya, a la isla, con aquello
que hayas ganado al cabo del camino,
sin esperar que Ítaca te premie.
Ítaca fue quien te donó tu viaje.
Sin ella no lo hubieses emprendido.
Pero no hay nada más que pueda darte.
Aunque pobre la encuentres, no te engaña.
Rico en saber y en vida como has vuelto,
al fin comprendes lo que son las Ítacas.

CONSTANTINO CAVAFIS
(Traducción de Luis Alberto de Cuenca)

Ítaca, el texto que abre este capítulo, es uno de los poemas que más me ha marcado. Para mí es la metáfora perfecta del propósito de vida, aquello que nunca dejamos de perseguir. Qué importante es tener un objetivo, pero qué delicia disfrutar el recorrido que nos lleva hasta él.

Cuántas cosas dejamos de disfrutar por pensar tan solo en llegar a la meta, ignorando que es precisamente aquello que nos motiva a llegar lo que en realidad nos hace gozar de ella. Muchas veces idealizamos a las personas, idealizamos los lugares a los que soñamos ir, idealizamos el último suspiro de nuestra vida. Y qué tal si empezamos a tomar conciencia de la belleza que podemos construir, una belleza real y tangible que reposa en el recorrido, en los pasos, en los caminos, sin ensalzar finales, sin ensalzar destinos...

Cuando idealizamos, ocurren cosas como la decepción, la impaciencia, el desengaño, el fiasco... Si la vida nos tiene que decepcionar en su meta, que lo haga, pero que nunca nos quiten *lo bailao,* y así, como por arte de magia, si nos llenamos de cada bocanada de aire por el camino, si afrontamos las consecuencias de cada paso que decidimos dar, iremos recogiendo logros, diseñando esfuerzos, obteniendo resultados tanto positivos como negativos, pero siempre con un aprendizaje que nos devuelve a la vida.

El objetivo, el destino, nos observa inmóviles, no nos va a juzgar cuando nos presentemos ante él, porque nunca nos decepcionará si llegamos llenos y rebosantes de todas las riquezas que el viaje nos ha ofrecido y que solo nosotros hemos sabido, de forma eficiente, hacerlas nuestras. La meta no nos ofrecerá nada que no hayamos sembrado y recogido antes. Parece ser que los que llegaron muy pronto no sienten tanta felicidad como los que aún están recorriendo el camino, cuya finalidad inicial fue llegar a algún destino, pero en mitad del recorrido eso dejó de importar.

Hijos míos, la vida es fabricar realidad mientras ocupamos tiempo. Este es un bien muy preciado porque no vuelve, procurad que merezca la pena lo que hacéis con él.

Este libro está llegando a su fin, y aunque he marcado numerosos propósitos como importantes, lo que realmente me importa es que exprimamos el camino que nos lleve a alcanzarlos. En estos últimos años hemos pasado por una pandemia, un encierro, hemos sido testigos de devastadores terremotos en distintas partes del mundo y, en la actualidad, de una guerra en Ucrania. El mundo siempre nos dará razones para cuestionar el verdadero significado de la vida. Quizás con el libro podamos recordar las cosas importantes. Lo empecé por varias razones y deseos, pero el más sobresaliente fue que sirviera a mis hijos para conocerse mejor y tener todo tipo de elementos disponibles para descifrarse y resolverse. Y mientras va cerrando su abanico, yo me siento como esos entrenadores que saben que les queda pocos minutos antes de que comience el partido e intenta en ese reducido tiempo hacer un barrido rápido por las principales jugadas ganadoras y transmitirlas de forma permanente en la mente de los jugadores, instantes antes de saltar al campo de juego.

Cuando estudiaba para un examen, siempre acababa el estudio haciendo una relación rápida de conceptos cortos y más destacados que al leerlos hicieran que brotaran de manera automática en mi mente el significado detallado de todo lo que había memorizado, como esos focos de luz intensos que señalan con total nitidez los aspectos realmente esenciales.

Así que a modo de encuadre principal arrojo estas palabras que no pretenden nada más que ser sugerencias y que me gustaría que fueran recibidas como descargas agradables y efectivas, todas susceptibles a tener en cuenta en nuestro diario de vida.

Explorar, experimentar, pensar, evaluar, obtener datos e interactuar con la ley de causa y efecto es el proceso de educarnos en el crecimiento personal.

Ser responsables es reconocer la realidad y nuestra elección —aunque los actos no hayan sido muy constructivos—. Asumir la ley de causa y efecto es asumir responsabilidad, aceptar la participación que hemos podido tener en el efecto de algo. Querer tener razón a toda costa es evadir la responsabilidad y culpar es darle la responsabilidad a otra persona, demostrando ser unas víctimas del mundo. Adueñarnos de los actos nos hace responsables de ellos.

Dylan, Alma, cuanta más responsabilidad asumáis, más controlaréis la vida, incrementará vuestro poder interno, vuestra potencia y la autoestima. Nunca escapéis del compromiso que implica crecer. El precio de enfrentar los problemas es infinitamente menor que el de no reconocerlos como vuestros.

Es importante asumir, igualmente, la responsabilidad de las emociones, puesto que como hemos visto somos capaces de crear y cambiar el estado emocional, por tanto, somos responsables de ellas. Trabajemos en no necesitar apegarnos a lo externo para sobrevivir internamente. No olvidemos que también tenemos una gran responsabilidad afectiva con las personas que están presentes en nuestra vida.

Seamos conscientes del impacto tan destructivo que tiene el desprecio, el insulto. Cuando encaramos la violencia con la no violencia, despertamos la conciencia en el otro, construyendo valor. Eduquémonos en desterrar el desprecio y todo género de violencia hacia los que son o piensan distinto a nosotros.

Querer paz a costa de la guerra es un principio de violencia. Querer paz a costa del amor es un principio de amor.

Ejercitemos el autocontrol y aprendamos a manejar las emociones, teniendo en cuenta que no somos ellas, tan solo son el instrumento que nos da la información adaptativa ante una situación. Abracémoslas, sintámoslas y evaluémoslas. Y aprendamos... aprendamos todo lo que podamos sobre nosotros y el mundo.

Observemos mucho. La observación ha sido uno de los grandes vehículos que me han llevado a aprender inmensamente. Hablemos bajo y escuchemos alto. Agitemos el reposo que da la calma interior, recorramos todos los lugares del silencio. El silencio es paz y sosiego, pero también es ruido y grito de urgencia. Escuchemos con atención lo que nos tenga que decir. La vida está llena de senderos de aprendizaje, pero si no nos desprendemos del ego en su justa medida, no veremos la cantidad de aprendizaje que hay.

Los deseos no contienen ego, pero sí la forma de conseguirlos.

El ego lo sacamos para compensar esa insoportable sensación de vulnerabilidad que nos trae la víscera. Recordemos que mientras la ética esté dirigida por las vísceras y el cuerpo —tomar decisiones solo por cómo nos sentimos—, estaremos en desventaja en cuanto a nuestro intelecto y el sentido del ser.

No vivamos solo en el cuerpo, en lo estético, en lo carnal... Sí, hay que cuidar el cuerpo y honrarlo con ejercicio y buena alimentación, con caricias y abrazos, con todos los cuidados posibles, pero no podemos vivir solo en el cuerpo porque estaremos transitando en niveles de integridad muy bajos.

Nuestras vísceras están asociadas a memorias, cada experiencia tiene sentimientos y emociones, y las emociones están conectadas con las creencias, y todo asociado a nuestro comportamiento. Seamos hábiles en romper las programaciones y asociaciones que nos debilitan como personas.

Somos guiados a través de la intuición, el anhelo de libertad y los grandes valores. Estos como el amor, el respeto, la justicia, la honestidad, la disciplina, la humildad, el agradecimiento o la excelencia tienen naturaleza de ganadores, aunque creamos que el ego tiene pinta de vencedor, no lo es, es un debilucho que se cree el gorila del amor propio.

Escojamos bien las batallas, cuanta más nobleza tengan, mejor. Nuestras misiones siempre deben estar por encima de la pereza y la comodidad.

Cuando tengamos dudas, seamos proactivos, tomemos tiempo para pensar y analizar, aislar el conflicto y sopesar las consecuencias de tomar una decisión u otra. Busquemos el campo visual de los conflictos y enfrentémonos a ellos, sacudiendo los altos valores que hemos construido y almacenado en el cajón de nuestra ética, mientras suplicamos al ego que se vaya al rincón de pensar y nos deje actuar.

No le tengamos miedo al miedo, reconozcámoslo y atravesémoslo. Las crisis de identidad son unas excelentes oportunidades para crecer y ser mejores. Aprendamos a ser resilientes, manejemos con soltura el optimismo y la positividad a pesar de la adversidad. No se trata de vivir como si la maldad, la mentira y la traición no existieran. No se trata de escapar del dolor y tampoco de buscarlo, porque él nos buscará, aunque no lo esperemos. No se trata de que el mundo exterior sea perfecto, sino de que el mundo interior esté preparado. Se trata de apreciar y sentir que la vida es bella y no por falta de dudas y temores, que los tendremos, sino porque nos habremos atrevido a remar por encima de ellos.

Para crear una conciencia fuerte hay que equivocarse y arriesgarse a sentir profundamente las cosas y dolor. Al principio los padres son nuestra conciencia, pero poco a poco tendremos cada uno que crearla interiormente. Hay que atreverse a ser nosotros mismos, porque de jóvenes puede que consideremos que es demasiado pronto para elegir o arriesgar, pero cuando seamos mayores pensaremos que ya es demasiado tarde para cambiar.

En este dilatado recorrido interior lo mejor que podéis hacer es que os desnudéis lo antes posible, porque el autoengaño de poco sirve. Acompañaros siempre del conocimiento para que logréis ese «yo» fuerte, aunque flexible y equilibrado, que os permita una vida con proyecto, lo más cercano posible al concepto de paz interior y de felicidad.

Dylan, un día hace mucho tiempo mirabas detenidamente unos cojines que había en el sofá del salón y me dijiste:

—Mamá, estoy pensando lo aburrido que debe ser un cojín.

La naturaleza de crearnos a nosotros mismos mediante nuestros procesos de superación es maravillosa. Una buena estructura de pensamiento es la mejor de las fábricas para crear autoconocimiento y conciencia de que estamos vivos y no somos, precisamente, una cosa inerte o alguien manipulable.

Hijos míos, dad amor a los que os rodean, amabilidad y respeto a los que se cruzan en vuestra vida.

Una de las cosas que he aprendido de papá, y que sin lugar a dudas me ha traspasado en valor, es cómo estrecha la mano con firmeza y cariño, mirando a los ojos a todas las personas que saluda. Cuando trabajaba con él, lo que más me llamaba la atención era que siempre, siempre, cuando llegaba a un sitio, saludaba a todo el mundo —ya fueran presidentes de Gobierno, barrenderos, camareros, porteros... Siempre estrechaba la mano y miraba a los ojos con una sonrisa—. Y siempre se despedía con la misma sonrisa y un agradecimiento. No os olvidéis de esto que es muy simple, pero muy revelador.

Saludad a las personas con una sonrisa, a todas, sin discriminación. Agradeced la ayuda que la gente os va a brindar a lo largo de la vida, en trabajos, en amistades, en comercios, en restaurantes...

Dylan, me viene un hermoso recuerdo en este instante de cuando eras pequeño y venías con nosotros de gira. Me acuerdo de la atención y la observación, así como de la cara de sorpresa que mostrabas en el coche a la entrada o salida de los recintos donde papá daba conciertos. Los *fans* se agolpaban alrededor del auto con el deseo feroz de obtener una mirada, una sonrisa, una foto o un abrazo suyo. Muchas veces por seguridad era imposible bajar las ventanillas —aunque casi siempre lo hacía—, pero encendía la luz interior para que pudieran verle y empezaba a saludar a un lado y al otro. Parecía que sus brazos se multiplicaban para alcanzar los trescientos sesenta grados donde se amontonaban todos sus admiradores. Tú observabas escrupulosamente.

Un día en Miami, recién llegados de gira, nos fuimos tú y yo a dar una vuelva en coche. De repente observé por el retrovisor cómo en cada semáforo donde parábamos saludabas a través del cristal a las personas con las que nos cruzábamos, ofreciéndoles la mejor de tus sonrisas, además de un pomposo saludo con la mano. La imitación de los buenos ejemplos es el primer y mayor signo de admiración.

Tratad, hijos, de hacer un mundo mejor del que os habéis encontrado, a la vez que mejoráis vosotros y vuestro entorno. Buscad también cómo aumentar la capacidad de cooperación y altruismo. En papá tenéis un gran ejemplo de persona que siempre está dispuesto a colaborar con causas solidarias.

Estamos aquí para perfeccionar nuestra humanidad. Miremos a los ojos con la cabeza alta y valerosa y cumplamos con la palabra cuando se la demos a alguien. La palabra nos representa, es el sentido de nosotros mismos. Cuando la rompemos, nos estamos rompiendo y perdiendo. Para tener éxito hay que comprometerse —tomar acción— y darlo todo.

Cuando persigamos el éxito, tengamos presente que el objetivo es ganar de acuerdo con tres reglas que están relacionadas con estos valores: ética, integridad y honestidad.

Éxito = Plan + Acción = Resultado

Sin acción no hay éxito y sin plan no hay dirección. El éxito en la vida también es aprender a sufrir lo menos posible. La vida es tan peligrosa como fascinante, nos esperan muchas sorpresas y un largo camino de toma de decisiones y aprendizajes. Lo importante es saber cómo somos por dentro. Entender cómo la inseguridad y los miedos influyen en nuestras decisiones y conductas, la finalidad de todo es que podamos desarrollar una biblioteca emocional sólida para comunicarnos con el resto del mundo y con nosotros mismos sin temor a ser destruidos.

No va a salir siempre todo como deseamos, pero no debemos desanimarnos, hagamos lo que podamos y lo mejor que sepamos. Lo importante es no perder el foco y el objetivo y estar abiertos a aprender y a asumir que nos equivocamos. Si no estamos dispuestos a aceptar las equivocaciones, pensemos qué es lo que nos mantiene orgullosos para no hacerlo. ¿Qué creemos que estamos protegiendo, qué miedo hay debajo? El orgullo siempre nos protege de sentir profundamente.

La única manera de alcanzar la libertad es a través de la confesión —reconocer que nos hemos equivocado—. Cuando podemos aceptar el hecho de que hemos sido crueles, malvados o injustos, entonces estaremos dispuestos a ser libres.

El presente es lo único que tenemos, y muy a menudo nos lo amargamos por cosas ocurridas en el pasado. Creamos patrones de justificación del ayer, pero esto solo vale y es útil para encontrar datos que nos ayude para mejorar hoy. El pasado no puede cambiar el presente, pero sí sus efectos si dejamos que haya aprendizaje, ya que aprendemos de los efectos negativos que ha provocado. Convirtámonos en maestros del instante y de la experiencia del momento. Vivimos en una irrealidad muy poderosa tratando de entender que el mundo es certero. Estar llenos de conocimiento del pasado ayuda a anticipar y predecir el futuro, sin embargo, la vida es incierta por mucho que la proyectemos. Buscamos signos del mañana en cada pensamiento, pero hasta que no podamos vivir plenamente con la incertidumbre, no estaremos completos.

El secreto es estar consciente de lo que hacemos en el momento. Colmémonos con el alegato del aquí y ahora.

Averigüemos cuáles son nuestras creencias de segunda mano y aquellas que nos limitan. Tengamos experiencia de los límites mientras de forma honesta se van estirando o eliminando de nuestra vida. No hacer algo por miedo a que salga mal es el colmo de la limitación.

Hay una pregunta que me sirve de salvavidas cuando no sé si algo saldrá bien o no, y es la siguiente: ¿qué es lo peor que puede pasar? Intento analizarla y descubro que casi siempre la respuesta es: nada grave, casi siempre se resuelve buscando otras opciones. Y, por supuesto, algo indispensable para mí es regar mis días de mucho humor y amor. Riamos a carcajadas, acumulemos millones de ataques de risa y amemos mientras podamos. En la vida no se ha encontrado nada mejor.

> Cuida tus pensamientos, porque se transformarán
> en tus palabras.
> Cuida tus palabras, porque se convertirán en tus actos.
> Cuida tus actos, porque se volverán tus hábitos.
> Cuida tus hábitos, porque constituirán tu carácter.
> Y cuida tu carácter, porque forjará tu destino.
>
> MAHATMA GANDHI

Alma, eres un proyecto de mujer espectacular, ojalá seas testigo de cómo muere un viejo mundo que teme a las mujeres libres y puedas sentir uno nuevo donde las honren y amen por lo que son y no por lo que hicieron de ellas.

Como mujeres, llevamos aún los pies con restos de arena de playas donde no hemos estado nunca, pero que otras sí estuvieron por nosotras y le ganaron tierra al mar.

Tú todavía no lo sabes, pero eres una niña muy afortunada, creciendo en una familia que te adora, te ama, te cuida, te acompaña, tienes acceso a una educación llena de privilegios, no sufres abusos ni *bullying*, nadie te ha cambiado por dos terneros, nadie ha mutilado tus genitales o te van a obligar a casarte con alguien que ni siquiera conoces. Que vivamos en un contexto casi de inmunidad no significa que no debamos conocer cómo funcionan otras culturas, otras mentes y otros corazones.

Nunca dejes que te empujen hacia algo que tú no has escogido. Eres y serás una gran mujer.

Las mujeres llevamos a cuestas infinidad de tópicos. Se dice y se comenta que las mujeres y las madres traemos un mecanismo endógeno donde fabricamos ramilletes de emociones contradictorios, caóticos y exagerados, básicamente que somos demasiado emocionales y bastante histéricas. Somos mucho más que eso, no hagamos caso de las teorías casposas.

Los partidos a veces se ganan en el minuto noventa. Observemos siempre la astuta manera de actuar de la mente y nuestra política de poder. La vida es como los videojuegos que tanto nos entretienen. Nos van enfrentando con desafíos de complejidad creciente. Se trata de ir pasando fases y etapas en las que encontraremos nuevas herramientas y nuevos aprendizajes que nos serán cada vez más útiles para nuestra aventura.

Dylan, no te resistas a seguir aprendiendo cosas diferentes ni a seguir experimentando cosas nuevas. Deja que la vida te sorprenda. Aunque a veces te parezca que el juego no tiene sentido y la falta de instrucciones te empuje a abandonar, piensa que en la vida no existe manual alguno. Quizás sí encuentres premisas elementales como las de este libro, pero te darás cuenta de que el juego de la vida consiste en descubrir por nosotros mismos cómo funcionan las cosas.

No esperes a que nadie te presione para dar lo mejor de ti. Tu fuerza no viene de los profesores o de papá o de mí, viene de ti. No te falles a ti mismo.

Sabemos que eres un niño inteligente, pero recuerda que nadie ha conseguido nada solo por serlo. Hace falta valor y esfuerzo. No tengas miedo de preguntar. El que pregunta solo es ignorante por un rato, el que no pregunta es ignorante toda la vida. Enfrentarte a tus miedos y tus logros te harán construir mucha seguridad. Tanto papá como yo creemos mucho en ti.

Todos queremos que nos recuerden como buenas personas. Dicen que cuando estamos en el lecho de la muerte hacemos un recorrido por nuestra vida. Sin necesidad de estar a las puertas del fin, si hiciéramos ese ejercicio regresivo, todo lo que veríamos sería nuestra identidad, sería lo que hemos construido hasta el momento. Es el resultado de nuestra consistencia de vida. ¿Cómo creemos que nos describirían en este instante los demás si dejáramos de existir ahora? ¿Cómo nos gustaría ser descritos en este momento? Comprobemos si estamos en ese camino que deseamos.

Entrar y salir de la vida constituye una peripecia incomparable. Nacer y morir, ambas difíciles de asimilar.

Entre la llegada y la salida de la vida está el esplendor de la vida interior. Encontraremos la posibilidad de aprender a manejar el miedo cuando florezca y a disfrutar del sosiego y de la felicidad. También sentiremos agitarse a los instintos innatos que colaboran en la conquista de nosotros mismos y el mundo y, por supuesto, los que nunca nos abandonarán en nuestro viaje de la vida serán los magníficos mecanismos del amor.

La vida es bella, y para mí vosotros sois las personas más bellas del universo. Aunque objetivamente hablando, para ser bellos también hay que trabajar en serlo de forma consistente.

La belleza, como la felicidad, es proporción. Con las mismas siete notas musicales y según se combinen se puede hacer las más bellas de las canciones —como *Capitán Tapón* o *Mi persona favorita*, por nombrar dos al azar— o se puede componer porquerías envueltas en ofrendas musicales que no valen un duro, con todos mis respetos a la música.

Con las mismas veintisiete letras del abecedario se han escritos maravillas literarias y se escriben también muchos artículos diarios que derrochan maldad y suciedad. Lo mismo pasa con la comida: con los mismos ingredientes hay quien hace deliciosos platos y otros, proezas incomestibles.

Las personas también acompañan a este símil. Todos tenemos un cuerpo, un alma y una mente, y según lo sepamos usar y combinar, resultaremos más bellos o menos. La felicidad funciona de la misma manera. Se podría llegar a pensar que la felicidad es tangible y que podemos abarcarla de forma directa y con un solo abrazo. Pero no es así, lo mejor de la felicidad es ir sintiéndola a través de los caminos que nos pueden llevar a ella. Es como el sol, que si miramos directamente a él, nos deslumbra.

La felicidad hay que rodearla,
probarla y vivirla a través de sus filtros.

Mis queridos hijos, mis queridos todos, coged este libro con pinzas, con alfileres, rumiarlo, masticarlo, pero, sobre todo vivirlo. Y haced de él lo que más os convenga.

Yo todavía estoy aprendiendo. En algún rincón de mi SER algo se rompe cuando me alejo de mí misma. Querido «yo», hazme un sitio a tu lado y que la realidad me acaricie suave y sea para siempre. No renuncio a amaros, pero eso no me libera de la responsabilidad de amarme a mí misma, ni de olvidar que puedo crear en el planeta Tierra mi original planeta para seguir sosteniendo a la marciana que siempre vivirá en mí.

Dylan y Alma, deseo superlativamente que un rayo de mi memoria ilumine siempre vuestro corazón. Os confieso un secreto hijos: les he pedido a las hadas del bosque que guarden tréboles de tres hojas para vosotros.

Os amo.

AGRADECIMIENTOS

La gratitud es una de las más elevadas
formas de ser y estar.

Jorge Luis Borges

Este libro es producto de mucha gratitud.

En primer lugar, quiero agradecer a cada una de las personas que han comprado este libro y se han tomado su tiempo en leerme. A todas esas personas que gracias a las redes sociales se mantienen más cerca de mí, pase lo que pase.

Quiero dar las gracias a todos aquellos que han colaborado positivamente en mi crecimiento personal y que me resulta imposible nombrar, pero que ellos saben quiénes son. Entre otros: Álvaro Marchesi, Rebeca Cáceres, Loreta G., Alonso Arreola y Efrén Martínez.

Gracias a todos aquellos que creyeron alguna vez en mí y me dieron trabajo.

Gracias de corazón a Planeta, en general, y a Espasa, en particular, por confiar en mí, y en especial, un cariñosísimo agradecimiento a Virginia Galán, que ha tenido conmigo mucha paciencia y una gran empatía asumiendo con gran serenidad mis idas y venidas hasta por fin comenzar esta aventura literaria. Te lo agradeceré toda la vida Vir.

Gracias a mi querido Efrén Martínez, por regalarme el prólogo más bonito que he leído nunca.

Toñi Moreno, desde que te conocí no he dejado de admirarte y sorprenderme con tu coraje y tu fuerza. Gracias por estar.

Gracias a Sara Carbonero, mi fiel amiga y compañera de piruetas. Amiga, eres esa primavera que siempre me recuerda que hay que estar preparados para el temporal que pueda venir, frío y calor en un mismo día, pero siempre floreciendo.

Gracias al resto de mis amigos y también a aquellos que han decidido no serlo más.

Gracias a esas personas que me ayudan con mis hijos y en casa, para que todo funcione mejor y me pueda permitir pasar madrugadas enteras escribiendo.

Gracias a mi familia entera: tíos, primos, sobrinos, cuñados... por seguir estando unidos a mí y quererme tanto.

Gracias también a mis padres y a mis hermanos, que no entiendo este mundo sin ellos.

Y, por supuesto, y por encima de todo, gracias a mis dos pollitos, mis hijos... que son el motivo y la razón por la que me propuse escribir el libro más bonito del mundo.

Y, por último, gracias a la Raquel Perera que ha vuelto a mirarme a los ojos y a susurrarme con una sonrisa las mismas cosas que nos decíamos cuando éramos niñas y soñábamos con escribir en los corazones de la gente.

Un beso eterno.